JN126767

ANTÁBRICO

FRANCIA

Santander
Laredo
Bilbao
San Sebastián
CANTABRIA
PAÍS VASCO
Pirineos
ANDORRA
Vitoria
Pamplona
ANDORRA LA VELLA
NAVARRA
Jaca
Aneto (3408)
Burgos
Logroño
Huesca
CATALUÑA
LA RIOJA
Palencia
Gerona
EÓN
Soria
Aranda de Duero
Zaragoza
Lérida
Costa Brava
Barcelona
na del Campo
Ebro
ARAGÓN
Tarragona
Segovia
Costa Dorada
MADRID
Guadalajara
Cabo de Tortosa
Ávila
Alcalá de Henares
Menorca
MADRID
Teruel
Mallorca
a Reina
Aranjuez
Palma
Toledo
Castellón de la Plana
Manacor
Cuenca
Alcazar de San Juan
Turia
Valencia
ISLAS BALEARES
CASTILLA-LA MANCHA
Júcar
Ibiza
Albacete
VALENCIA
Ibiza
Ciudad Real
Cabo de San Antonio
Valdepenas
Formentera
Alicante
Costa Blanca
a
Jaén
Elche
MAR MEDITERRÁNEO
Béticos
MURCIA
Murcia
DALUCÍA
Sistemas
Cartagena
Granada
Mulhacén (3482)
Almería
ra
Sierra Nevada
Cabo de Gata
el Sol
ARGELIA

Melilla

S

Cielito lindo

— Curso intermedio de español —

Yukie Kuribayashi
Roberto Colmena

Editorial Dogakusha

本文写真提供：大木雅志、イベリア航空（p.69）

表紙デザイン：アップルボックス

まえがき

　このたび、第二外国語としてスペイン語を履修される方々の初級から中級への導入教材として本書を作成しました。『エスペランサ』のソフト版にあたり、1 年次に過去時制を学習していない場合にも使えるよう、各時制の活用練習を充実させてあります。

　本書は 1 課にふたつずつダイアログが出てきます。各課ひとつめのダイアログには敢えて日本語訳が付記してありますので、右ページの日本語を見ながら、左ページのスペイン語文が言えるように、作文練習をしてみましょう。ここでは丸暗記でなく、単語を選択し、活用形を選んでいくというプロセスを意識的に行ってみてください。文章は決して易しくはありませんから、最初からすらすら言える必要は全くありません。まずは太字を含む文から始めましょう。初めのうちは単語を見ながら、活用表を見ながらで構いません。活用表を覚えたら単語だけ見て作文する、単語を覚えたなら活用表だけ見て作文する、など、その時々のレベルに応じて、少しずつ身につけていくことをお勧めします。各課ひとつめのダイアログの後に、その課で学ぶ文法事項と練習問題が用意されています。練習問題の最後は、ダイアログの語句と活用形を確認する問題になります。

　各課ふたつめのダイアログは、その課の文法項目を理解するための読解練習です。もちろん自分が話せるだけではだめで、相手が何を言っているのか理解できなくては会話は成立しません。まずはダイアログを聞いて内容をとる練習をしてみましょう。巻末に補充問題として内容確認のためのリスニング問題も用意してあります。補充問題にはほかに、ジャンル別の語彙チェックや応用作文もありますので、進度に応じて利用してください。

　本書は『エスペランサ』同様その構想を木村琢也著『スペインへのパスポート』(同学社 2001 年)に大きく負っています。趣旨をご快諾くださいました木村琢也先生には心より御礼申し上げます。また、中央大学法学部の受講生の皆さんには数年にわたり実際に使用していただき多数の貴重な意見を賜りました。この場を借りて御礼を申し上げます。素敵なイラストを描いてくださった東森まみ氏、表紙の絵「夏の空へ」を描いてくださった新谷道子氏、貴重な写真を提供してくださった大木雅志氏、イベリア航空様にも感謝の意を表します。最後になりましたが編集の労をとってくださいました同学社の石坂裕美子氏に心より御礼申し上げます。

　2019 年　秋　　　　　　　　　　　　　　　　　　　　　　　　　　　著　者

【参考文献】本書の執筆にあたって、下記の文献を参考に致しました。
木村琢也『スペインへのパスポート』同学社 2001 年
小池和良『改訂版・多国籍スペイン語入門』同学社 2010 年
マヌエル・デル・セーロ / 小池和良・小池ゆかり訳編『スペイン語クイックレファレンス』第三書房 2004 年
西村君代 / ラケル・ルビオ・マルティン『口が覚えるスペイン語』三修社 2012 年

ÍNDICE

Plaza de Cibeles, Madrid

Lección 1

¿Estudias o trabajas?

CD 02
▶ **[Diálogo1-1]**
DL 02

ユミがマドリッドに到着。以前短期留学した際に友達になったソニアが迎えに来ている。

(En el aeropuerto)

① Sonia : ¡Hola, Yumi! ¡Cuánto tiempo sin vernos! ¿Qué tal?

② Yumi : ¡Hola, Sonia! Bien, ¿y tú? Gracias por venir a buscarme. **¿Es** tu novio?

③ Sonia : No, **es** mi amigo venezolano.

④ Javier : Mucho gusto. **Soy** Javier.

⑤ Yumi : Encantada, Javier. **Me llamo** Yumi. Yo **soy** de Japón.

⑥ **¿Estudias** o **trabajas**?

⑦ Javier: **Soy** estudiante. **Estudio** arquitectura española aquí en Madrid.

⑧ Sonia: Yumi **va** a estudiar teatro español.

⑨ Yumi : Sí, **voy** a estar aquí dos años.

⑩ Oye, por cierto, me gustaría cambiar dinero...

⑪ Sonia : Mira ahí **puedes** cambiarlo, ya **está abierto**.

⑫ Yumi : Vale. **¿Podéis** esperarme un rato?

═══════════ **Notas** ═══════════

¡cuánto tiempo sin vernos! 「久しぶり！」

gracias por ～ 「～を（～してくれて）有難う」

mucho gusto 「はじめまして」「どうぞよろしく」

encantado/da 「はじめまして」

oye 「ねえ」（oír 肯定命令 [2 単]）

por cierto 「ところで」

me gustaría（+ 不定詞）「～したいのですが」（gustar 過去未来 [3 単]）

mira 「ほら」（mirar 肯定命令 [2 単]）

vale 「わかった」「いいよ」[スペイン口語]

「学生さんですか？社会人ですか？」

（空港で）

① ソニア： こんにちは、ユミ！久しぶりね！元気？

② ユミ： こんにちは、ソニア。元気よ。あなたは？ 迎えに来てくれて有難う。彼氏ね？

③ ソニア： ううん、ベネズエラ人の友達よ。

④ ハビエル： はじめまして。ハビエルです。

⑤ ユミ： はじめまして、ハビエル。ユミといいます。日本から来ました。

⑥ 　　　　　 学生さんですか？社会人ですか？

⑦ ハビエル： 学生です。ここマドリッドでスペイン建築を勉強しています。

⑧ ソニア： ユミはスペイン演劇を勉強する予定なのよ。

⑨ ユミ： ええ、2年間こっちに滞在するつもりなんです。

⑩ 　　　　　 ねえ、ところで、私、両替したいんだけど。

⑪ ソニア： ほら、あそこで両替できるわ、もう開いてるわよ。

⑫ ユミ： わかった。ちょっと待っててくれる？

Vocabulario

buscar 探す、迎える

novio/via 恋人

amigo/ga 友人

llamarse ～という名前である、～と呼ばれる

ser de（＋場所） ～の出身である、～産である

arquitectura 建築

teatro 演劇、劇場

cambiar 交換する、変える

dinero お金

abierto 開いた ＜ abrir 過去分詞

un rato 少しの時間

[Gramática1]

1 直説法現在・規則活用

hablar「話す」　　　　comer「食べる」　　　　vivir「住む」

	単数	複数	単数	複数	単数	複数
1人称	hablo	hablamos	como	comemos	vivo	vivimos
2人称	hablas	habláis	comes	coméis	vives	vivís
3人称	habla	hablan	come	comen	vive	viven

⇒不規則形は巻末活用表

2 再帰動詞の直説法現在

levantarse「起きる」

me	levanto	nos	levantamos
te	levantas	os	levantáis
se	levanta	se	levantan

3 過去分詞と結果状態

1）**過去分詞**　⇒不規則形は巻末活用表

★基本の意味は「完了」「（主動詞より）前時」（他動詞の場合「受身」）

| -ar → -ado |
| -er/-ir → -ido |

hablar → hablado

comer → comido, vivir → vivido

2）[結果状態] **estar + 過去分詞**（他動詞目的語・自動詞主語に性数一致）「～している」「～されている」

*時制は estar の活用により表す

La puerta principal *está cerrada*.　　　　正門は閉まっている。

Los niños *están sentados* en el banco.　　子供たちはベンチに座っている。

4 現在分詞と進行形 （⇒ Diálogo 1-2）

1）**現在分詞**　⇒不規則形は巻末活用表

★基本の意味は「未完了」「（主動詞と）同時」

| -ar → -ando |
| -er/-ir → -iendo |

hablar → hablando

comer → comiendo, vivir → viviendo

2）[進行形] **estar + 現在分詞**「～しつつある」「～している（ところだ）」

*時制は estar の活用により表す

El portero *está cerrando* la puerta principal.　　守衛は正門を閉めている（ところだ）。

Estoy *duchándome*.　　　　　　　　　　　　私はシャワーを浴びている（ところだ）。

[Ejercicios1]

1. Completa las frases con el verbo en presente de indicativo y tradúcelas al japonés.

   直説法現在形を入れて和訳しましょう。

   1) Yumi (vivir   ) en España y (aprender   ) a bailar
      flamenco.

   2) Nosotros (estudiar   ) en Japón y (hablar   )
      japonés e inglés.

   3) Mis padres (decir   ) que van a venir a Tokio la semana próxima.

   4) Sonia (tener   ) un novio peruano muy guapo.

   5) ¿Me (dar, *usted*   ) un plano de metro?

   6) ¿(Querer, *vosotros*   ) tomar algo fresco?

   7) ¿(Poder, *yo*   ) sacar una foto?

   8) ¿Por qué no (venir, *tú*   ) a mi casa el sábado y comemos juntos?

   *¿Por qué no 〜？　〜したらどう？〜しませんか？

2. Traduce al español. スペイン語にしましょう。

   * 本書では以降「君（たち）」を親しい相手、「あなた（方）」を敬称とする。

   1) あなたはコロンビア人ですか？ — いいえ。私は日本人です。私の妻はスペイン人です。
      (esposa)

   2) こちらは私の父です。太郎という名前です。
      (este, llamarse)

   3) 君は何ていう名前？— 次郎といいます。
      (cómo)

   4) ホセ José はバルセロナ Barcelona に恋人と住んでいます。彼らは結婚する予定です。
      —ピラール Pilar と僕も結婚する予定だよ。
      (novia, ir a casarse, también)

   5) セシリア Cecilia は風邪をひいているので、今日は医者に行く。
      (estar resfriado, hoy, ir al médico)

3. Traduce al español. 本文の表現を参考にスペイン語にしましょう。

   1)（私を）手伝ってくれて有難う。
      (ayudar)

   2)（私は）フェルナンデス氏 el señor Fernández と話したいのですが。

9

4. Traduce al español con los pronombres átonos según el modelo.

目的語代名詞を用いて例に倣ってスペイン語にしましょう。

Modelo:（友達に）その写真を私に送ってもらえる？

¿Puedes mandarme la foto? / ¿Me mandas la foto?

1)（友達に）君の鉛筆貸してもらえる？

(dejar, lápiz)

2)（レジの人に丁寧に）袋を1枚もらえますか？

(dar, bolsa)

3)（友達に）コーヒーをもう1杯入れてもらえる？

(poner, otro, café)

4)（友達に）僕たちに君の写真（複数）を見せてくれる？—うん、見せてあげるよ。

(enseñar)

5. Completa las frases con *estar*+gerundio o *estar*+participio pasado.

日本語の意味に合うよう、estar の活用形および現在分詞または過去分詞を入れましょう。

1）a) 私は家の窓を開けているところだ。(abrir)

Yo (　　　　　　　) (　　　　　　　　　　) las ventanas de la casa.

b) それらの窓は開いている。

Las ventanas (　　　　　　　　　) (　　　　　　　　).

2）a) 編集者はその web ページを更新しているところだ。(actualizar)

El editor (　　　　　　　) (　　　　　　　　　) la página web.

b) その web ページは更新されている。

La página web (　　　　　　　) (　　　　　　　).

3）a) 私たちは宿題をやっているところだ。(hacer)

Nosotros (　　　　　　　) (　　　　　　　) los deberes.

b) 宿題はもうできて (やりおえられて) いる。

Los deberes ya (　　　　　　　) (　　　　　　　).

6. Completa las frases con la forma adecuada del presente de indicativo y tradúcelas al japonés.

直説法現在形を入れて和訳しましょう。

1) Este es mi marido. (Ser 　　　　　　　　) venezolano.

2) Luisa (ser 　　　　　　　) una amiga mía, de Argentina.

3) Mucho gusto. (Llamarse, *yo* 　　　　　　　) Alejandro. (Ser 　　　　　　　)

de Chile.

4) ¿ (Estudiar, *vosotros* 　　　　　　　) o (trabajar, *vosotros* 　　　　　　　)?

5) (Ser, *tú* 　　　　　　) estudiante. (Estudiar, *tú* 　　　　　　) historia

española, ¿no?

6) (Ir, *yo* 　　　　　) a estudiar cultura mexicana.

7) (Ir, *nosotros* 　　　　　) a estar aquí dos semanas.

8) Aquí (poder, *ustedes* 　　　　　) sacar fotos.

9) La librería ya (estar 　　　　　) abierta.

10) ¿(Poder, *tú* 　　　　　) esperarme un rato?

[Diálogo1-2]
買い物するユミ。

(En una tienda)

① Dependienta : Hola, buenas tardes, ¿la **atienden**?

② Yumi : **Estoy buscando** un jersey para mí.

③ Dependienta : ¿De qué color lo **quiere**?

④ Yumi : **Estoy dudando** entre uno rojo o gris.

⑤ Dependienta : **Tenemos** estos.

⑥ Yumi : ¿**Puedo** probármelos?

⑦ Dependienta : Sí, cómo no. Los probadores **están** ahí a la izquierda.

(unos minutos más tarde)

⑧ Yumi : Bueno, este rojo me **queda** grande.

⑨ El gris me **queda** mejor, y me **gusta** más.

⑩ Me lo llevo. ¿**Se puede** pagar con tarjeta de crédito?

⑪ Dependienta : Sí, no **hay** problema.

¿**Puede** firmar aquí, por favor?

⑫ Yumi : ¿Me **deja** un bolígrafo?

⑬ Dependienta : Ah, perdone. (Yumi firma.) Muchas gracias, aquí **tiene** su copia.

⑭ Yumi : Gracias, buenas tardes.

⑮ Dependienta : Adiós, buenas tardes.

═══════════ **Notas y vocabulario** ═══════════

¿lo/la atienden? 「（用件は）お伺いしていますか？」
cómo no 「もちろん」
me llevo 「これにします」
perdone 「申し訳ありません」（perdonar 肯定命令 [3 単]）
aquí tiene 「こちらになります」「はいどうぞ」

dependiente/ta 店員
atender (a) （〜の）世話をする、（〜の）応対をする
probarse （自分で）試す、試着する

quedar 残る、（人に物が）合う
llevarse 手に入れる、買う（= quedarse con ...）
copia 写し、コピー、控え

11

Lección 2

Me acordé de que el museo estaba cerrado.

CD 04 ▶ **[Diálogo2-1]**
DL 04

大学で友達同士の会話。

(En la universidad)

① Yumi : Javier, ¿cuándo **viniste** a Madrid?

② Javier : **Vine** hace seis meses.

③ Yumi : ¿**Vivías** con tus padres en Venezuela?

④ Javier : Sí, **vivía** con mis padres en Caracas.

⑤ Es la primera vez que vivo solo.

⑥ Yumi : Yo también vivo sola. Mi familia vive en Tokio.

⑦ Por cierto, ¿adónde **fuisteis** ayer?

⑧ Javier : **Fuimos** al Palacio Real, la Plaza de España, la Plaza Mayor, el Parque del Retiro...

⑨ Me **gustó** mucho la Plaza de Cibeles.

⑩ Sonia : **Queríamos** visitar el Museo del Prado.

⑪ Pero justo **salía** de casa cuando **me acordé** de que **estaba** cerrado.

⑫ Javier : Menos mal que **te diste** cuenta antes de salir.

⑬ Como **hacía** un día agradable, **estuvimos paseando** todo el día.

⑭ Yumi : ¡Qué bien! Yo **salí** de compras y **me compré** un jersey.

⑮ Sonia : A propósito, ¿**habéis comido** ya? Si no, vamos a comer.

⑯ Conozco un buen restaurante por aquí.

═══════════ **Notas** ═══════════

es la primera vez que ～ 「～するのは初めてだ」(primero 第一の)

el Palacio Real 王宮

la Plaza de España スペイン広場

la Plaza Mayor マヨール広場

el Parque del Retiro レティーロ公園

la Plaza de Cibeles シベーレス広場

el Museo del Prado プラド美術館

justo salía de casa cuando（＋点過去）（直訳「～したとき、ちょうど私は家を出ようとしていた」）＊点過去の出来事の背景を線過去で表す。

menos mal que ～ 「～でまあよかった」「幸い～」

a propósito 「ところで」

「美術館は休みだというのを思い出した」

（大学で）

① 　ユミ： ハビエル、あなたはいつマドリッドに来たの？

② ハビエル： 半年前に来たんだ。

③ 　ユミ： ベネズエラではご両親と暮らしていたの？

④ ハビエル： うん、カラカスで両親と住んでた。

⑤ 　　　　 ひとり暮らしは初めてだよ。

⑥ 　ユミ： 私もひとり暮らしよ。家族は東京に住んでる。

⑦ 　　　　 ところで、あなたたち昨日はどこに行ったの？

⑧ ハビエル： 王宮とスペイン広場、マヨール広場、レティーロ公園 ...

⑨ 　　　　 シベーレス広場がすごく気に入ったよ。

⑩ 　ソニア： 私たち、プラド美術館に行きたかったのよ。

⑪ 　　　　 でも出がけに、休みだってこと思いだしたの。

⑫ ハビエル： 出かける前に気がついてよかったよ。

⑬ 　　　　 気持ちのいい日だったから、僕らは一日中散歩してたんだ。

⑭ 　ユミ： いいわね！私は買い物に出かけて、セーターを買ったわ。

⑮ 　ソニア： ところで、みんなもうお昼は食べたの？まだなら、食事しましょう。

⑯ 　　　　 この辺にいいレストランを知ってるのよ。

Vocabulario

hace（＋期間）（今から）～前に

vez 回、度

gustar（人に物が）好きだ、気に入る

justo ちょうど、まさに

acordarse (de) ～を思い出す、覚えている

darse cuenta (de) （～に）気づく

agradable 気持ちのよい、快い

pasear 散歩する

todo el día 一日中

compra 買い物

salir de compras 買い物に出かける

comprarse （自分のために）買う

[Gramática2]

1 直説法点過去

過去の出来事の全体を終了した1つの出来事として表す。「昨日」「先月」「3年前」等特定の過去時を指す時間表現や「10日間」等の特定の期間の表現と共に用いられる。

1）規則活用とその変形

1. 規則活用

hablar「話す」→「話した」　　**comer**「食べる」→「食べた」　　**vivir**「住む」→「住んだ」

hablé	hablamos	comí	comimos	viví	vivimos
hablaste	hablasteis	comiste	comisteis	viviste	vivisteis
habló	hablaron	comió	comieron	vivió	vivieron

2. 語幹母音変化動詞（-ir 動詞のみ3人称単数・複数で母音変化）：規則活用の変形(1) ⇒巻末活用表

sentir（現1単 siento）→ sintió / sintieron　　**pedir**（現1単 pido）→ pidió / pidieron

dormir（現1単 duermo）→ durmió / durmieron

3. 綴り字変化のある動詞：規則活用の変形 (2)　　　　　　　　　⇒巻末活用表

① -ar 動詞：1人称単数のみ綴り字変化 **-car → -qué, -gar → -gué, -zar → -cé**

② -er / -ir 動詞：3人称で母音間の **i → y (leer → leyó / leyeron, oír → oyó / oyeron)**

2）強変化とその変形

tener　　　　　　　　**querer**　　　　　　強変化変形 **decir**（3複 -eron）

tuve	tuvimos	quise	quisimos	dije	dijimos
tuviste	tuvisteis	quisiste	quisisteis	dijiste	dijisteis
tuvo	tuvieron	quiso	quisieron	dijo	dijeron

andar (anduve)　**estar** (estuve)　**haber** (hube)　**poder** (pude)

poner (puse)　**saber** (supe)　**hacer** (hice)　**venir** (vine)

強変化変形：**traer** (traje)　　**conducir*** (conduje)　*-ducir 型

3）完全不規則活用：ser, ir, dar　⇒巻末活用表

2 直説法線過去

過去のある時点において継続する状況や習慣、過去の別の出来事の背景的状況を表す。

1）規則活用

hablar「話す」→「話していた」　　**comer**「食べる」→「食べていた」　　**vivir**「住む」→「住んでいた」

hablaba	hablábamos	comía	comíamos	vivía	vivíamos
hablabas	hablabais	comías	comíais	vivías	vivíais
hablaba	hablaban	comía	comían	vivía	vivían

2）完全不規則活用：ser, ir, ver　⇒巻末活用表

③ 直説法現在完了

現在までに完了した出来事や経験を表す。「今日」「今週」等現在を含む時間表現と共に用いられる。

活用：haber 直説法現在＋過去分詞　hablar「話す」→「話し（てしまっ）た」「話したことがある」

he hablado	hemos hablado
has hablado	habéis hablado
ha hablado	han hablado

- -

[Ejercicios2]

1. Completa las frases con la forma adecuada del pretérito perfecto simple.
   点過去の適切な活用形にして全文を言いましょう。

   1) *subir* al monte Fuji（富士山に登る）[nosotros]
   2) *viajar* a Japón（日本へ旅行する）[Juan y María]
   3) *comer* en este restaurante（このレストランで食事する）[yo]
   4) *pedir* una botella de vino（ワインを1本注文する）[ustedes]
   5) *dormir* más de diez horas（10時間以上眠る）[mi hermano]
   6) *levantarse* temprano（早く起きる）[tú]
   7) el año pasado（昨年）*llover* mucho（雨が多い）[3単]

2. Completa las frases con la forma adecuada del pretérito perfecto simple.
   点過去の適切な活用形にして全文を言いましょう。

   1) ayer（昨日）*tener* un examen（試験がある）[nosotros]
   2) *¿poder* ver a María?（マリアに会える）[vosotros]
   3) *¿estar* ocupada?（忙しい）[tú]
   4) *¿andar* hasta la estación?（駅まで歩く）[usted]
   5) *conducir* un camión（トラックを運転する）[mi padre]
   6) *traer* consigo las medallas a la rueda de prensa（記者会見にメダルをつけて来る）[los atletas]
   7) *ir* a Mallorca en verano（夏にマヨルカ島に行く）[yo]
   8) *dar* un concierto（コンサートを行う）[ellos]
   9) anoche（昨晩）*hacer* mucho calor（とても暑い）[3単]
   10) *ponerse* la bufanda（マフラーを身につける）[yo]

3. Completa las frases con la forma adecuada del pretérito imperfecto.
   線過去の適切な活用形にして全文を言いましょう。

   1) *tener* un examen todas las semanas（毎週試験がある）[nosotros]
   2) *venir* a este restaurante（このレストランに来る）[Juan y María]
   3) *ir* a Mallorca en verano [yo]
   4) *hacer* mucho calor todos los días（毎日とても暑い）[3単]
   5) *¿estar* en Perú cuando *ser* niño?（子供のころペルーにいる）[tú]
   6) *¿ver* a María?（マリアに会う）[vosotros]
   7) *levantarse* temprano [tú]

4. Completa las frases con la forma adecuada del pretérito perfecto compuesto.
現在完了の適切な活用形にして全文を言いましょう。

1) *tener* un examen hoy（今日試験がある）[nosotros]
2) *comer* en este restaurante [Juan y María]
3) *hacer* mucho calor este verano（この夏とても暑い）[3 単]
4) ¿todavía no *leer* esta novela?（まだこの小説を読んでいない）[tú]
5) ¿*estar* en Perú? [vosotros]
6) *levantarse* ya（もう起きる）[yo]
7) *llover* mucho este año（今年雨が多い）

5. Completa las frases y tradúcelas al japonés. 適切な時制を選択し活用形を入れて和訳しましょう。

1) No (ver [現在完了 / 点過去], *yo*   ) todavía la Sagrada Familia.
2) Cuando (levantarse [点過去 / 線過去], *yo*   ), (llover [点過去 / 線過去]
   　　　　　　　) y (hacer [点過去 / 線過去]   ) frío.
3) Yumi (charlar [点過去 / 線過去]   ) con Sonia dos horas en una cafetería.
4) Hace tres días nosotros (saber [点過去 / 線過去]   ) una triste noticia.
5) Mario me dijo que (conducir [現在完了 / 線過去]   ) hasta la playa a
   menudo.
6) La semana pasada mi sobrino (venir [現在完了 / 点過去]   ) a verme.
7) ¿(Terminar [現在完了 / 線過去], *tú*   ) el trabajo ya?
8) Justo cuando (bajar [点過去 / 線過去], *yo*   ) del tren, Pilar me (llamar
   [点過去 / 線過去]   ) por teléfono.

6. Completa las frases y tradúcelas al japonés. 本文を参考に適切な語句を入れて和訳しましょう。

1) ¿Cuándo (venir 点過去, *vosotros*   ) a Madrid? – Vinimos [1年前   ].
2) (Vivir 線過去, *nosotros*   ) en Caracas cuando (ser 線過去, *yo*   )
   pequeña. Ahora vivo sola.
3) ¿Adónde fuiste [昨晩   ]? – (Ir 点過去, *yo*   ) al Teatro
   Real.
4) Me (gustar 現在完了   ) mucho la paella. Es [はじめて   ]
   que la he comido.
5) Mis amigos (querer 線過去   ) visitar el Museo del Prado.
6) [ちょうど   ] (salir 線過去, *tú*   ) de casa cuando (acordarse
   点過去, *tú*   ) de que el supermercado (estar 線過去   )
   cerrado.
7) Al salir de la oficina Ana (darse 点過去   ) cuenta de que no (llevar 線
   過去   ) gafas.
8) Ayer, como (hacer 線過去   ) un tiempo [気持ちのいい   ],
   (estar 点過去, *yo*   ) paseando [一日中   ]. Mi marido,
   a su vez, (estar 点過去   ) leyendo en casa.
9) Sonia (salir 点過去   ) de compras. (Comprarse 点過去   )
   un bolso y (pagar 点過去   ) en efectivo.
10) ¿(Comer 現在完了, *usted*   ) ya? (Conocer 現在, *yo*   )
    un buen restaurante [この辺りに   ].

▶ [Diálogo2-2]

美術館に行くために待ち合わせ。

(En una cafetería)

① Yumi : ¿**Has viajado** fuera de Madrid?

② Javier : Sí, **fui** a Sevilla y Granada el mes pasado.

③ Yumi : Antes **se tardaba** mucho en tren, pero ahora en AVE es muy cómodo.

④ ¿Te **gustó** Andalucía?

⑤ Javier : Sí, me **impresionó**, sobre todo, la Alhambra.

⑥ Pero **estaban restaurando** el Patio de los Leones y no **pude** verlo.

⑦ Yumi : ¡Qué pena! Yo **visité** la Alhambra cuando **era** estudiante de bachillerato.

⑧ Me acuerdo mucho de las decoraciones maravillosas de las paredes.

⑨ Javier : Sí, son preciosas. El nombre de Alá está grabado en la pared, ¿no?

(Viene Sonia.)

⑩ Sonia : ¡Hola! Siento llegar tarde.

⑪ Javier : ¿Qué te **ha pasado**?

⑫ Sonia : El tren va con retraso porque **ha habido** un accidente.

⑬ Javier : Bueno... al menos **podías** haberme llamado por teléfono.

⑭ Sonia: Pues sí, pero **me he dejado** el móvil en casa...

⑮ Yumi : ¡No me digas! De todos modos, vamos. Van a cerrar el museo.

Notas y vocabulario

AVE （スペインの）新幹線、スペイン高速鉄道（Alta Velocidad Española の略）

sobre todo 「特に」「とりわけ」「なんといっても」

la Alhambra アルハンブラ宮殿

el Patio de los Leones ライオンの中庭

¡qué pena! 「なんて残念な！」

Alá アラー（イスラム教の神）

¿qué te ha pasado? 「どうしたの？」（直訳「君に何が起こったの？」）

al menos 「少なくとも」「せめて」

podías haberme llamado por teléfono 「電話くらいできただろうに」「電話くらいしてくれてもよかったのに」

¡no me digas! 「まさか」（decir 否定命令［2 単］＋me）

de todos modos 「とにかく」「いずれにしても」

fuera de ～ ～の外（そと）に、～以外に	**sentir** 残念に思う、感じる
bachillerato 高校（の大学進学課程）	**ir con retraso** 遅れている
grabar 彫る、刻む、録音する	**dejarse** 置き忘れる、忘れてくる

Lección 3

Te ayudaré.

▶ **[Diálogo3-1]**

大学の休み時間、ハビエルに旅行の提案をするユミ。

(En la universidad)

① Yumi : Este fin de semana **iremos** a Cuenca.

②   ¿**Podrás** venir con nosotros?

③ Javier : Pues, no sé...

④ Yumi : ¿Has estado alguna vez en Cuenca?

⑤ Javier : No, no he estado nunca. Pero, es que el lunes tengo que entregar un trabajo escrito.

⑥ Yumi : No pasa nada. Te **ayudaré**.

⑦   Además va a venir Carmen también.

⑧ Javier : ¿Quién era Carmen?

⑨ Yumi : Es la chica **con quien** sale José.

⑩ Javier : Pues, no me acuerdo.

⑪ Yumi : Oye, ¿qué te parece si hablamos tomando café?

⑫ Javier : Lo siento, tengo una clase **a la que** nunca puedo faltar.

⑬   ¿**Podría** llamarte luego?

⑭ Yumi : Vale.

⑮ Javier : Bueno me voy. Hasta luego.

Notas

Cuenca　クエンカ（スペインの都市。casas colgadas「宙吊りの家」で有名）

es que　「〜だから」「だって〜」「〜なんです」（軽い理由や説明を表す）

trabajo escrito　「レポート（筆記の課題）」（⇔ trabajo oral 口頭の課題。プレゼンテーションなど）

no pasa nada　「何でもない」「大丈夫だ」

¿quién era 〜?　「〜とは誰でしたか？」（線過去の婉曲用法）

¿qué te parece si（＋直説法現在）？　「〜するのはどう思いますか？」¿por qué no 〜？は親しい間柄で使用。¿qué te parece si 〜？の方が丁寧

tomando　「飲みながら」（tomar 現在分詞）

lo siento　「申し訳ありません」「ごめんなさい」

「手伝ってあげるわ」

（大学で）

① ユミ：　今度の週末私たちクエンカに行こうと思ってるの。

②　　　　一緒に来れるかしら？

③ ハビエル：　うーん。わからない。

④ ユミ：　クエンカは行ったことあるの？

⑤ ハビエル：　いや、一度もないよ。でも月曜にレポートを提出しなきゃいけないから。

⑥ ユミ：　大丈夫。手伝ってあげるわ。

⑦　　　　それにカルメンも来るのよ。

⑧ ハビエル：　カルメンって誰だったっけ？

⑨ ユミ：　ホセがつきあってる子。

⑩ ハビエル：　ふーん、覚えてないな。

⑪ ユミ：　ねえ、お茶でも飲みながら話さない？

⑫ ハビエル：　ごめん、絶対欠席できない授業があるんだ。

⑬　　　　後で電話していいかな？

⑭ ユミ：　いいわよ。

⑮ ハビエル：　じゃあ行くよ。またね。

Vocabulario

fin de semana　週末

trabajo　仕事、研究、著作

tener que（＋不定詞）　～しなければならない

entregar　提出する、渡す

ayudar (con)　（～のことで）手伝う

salir (con)　（～と）出かける、付き合う

faltar (a)　（～を）欠席する

luego　後で

irse　行ってしまう、立ち去る

[Gramática3]

① **直説法未来**

1）活用：不定詞 + 未来語尾 **-é, -ás, -á, -emos, -éis, -án**（全動詞共通）

hablar　　　　　　　　　　　　　**poder**［不規則］

hablar**é**	hablar**emos**	podr**é**	podr**emos**
hablar**ás**	hablar**éis**	podr**ás**	podr**éis**
hablar**á**	hablar**án**	podr**á**	podr**án**

* 不規則活用：語幹が不定詞でないもの。

poder → **podr**é, querer → **querr**é, saber → **sabr**é, haber → **habr**é

poner → **pondr**é, salir → **saldr**é, tener → **tendr**é, venir → **vendr**é

hacer → **har**é, decir → **dir**é

2）用法：（不確実な）未来、現在の推量

Esta noche *lloverá*.　　　　　　　　　今夜は雨が降るだろう。

El profesor *tendrá* unos cincuenta años.　その先生は 50 歳くらいだろう。

② **直説法過去未来（1）**

1）活用：不定詞 + 過去未来語尾 **-ía, -ías, -ía, -íamos, -íais, -ían**（全動詞共通）

hablar　　　　　　　　　　　　　**poder**［不規則］

hablar**ía**	hablar**íamos**	podr**ía**	podr**íamos**
hablar**ías**	hablar**íais**	podr**ías**	podr**íais**
hablar**ía**	hablar**ían**	podr**ía**	podr**ían**

* 不規則活用：過去未来は未来と共通の語幹を持つ。

poder → **podr**ía, querer → **querr**ía, saber → **sabr**ía, haber → **habr**ía

poner → **pondr**ía, salir → **saldr**ía, tener → **tendr**ía, venir → **vendr**ía

hacer → **har**ía, decir → **dir**ía

2）用法：丁寧・婉曲

¿Podría decirme cómo se va a la Plaza Mayor?　マヨール広場への行き方を教えて頂けますか？

Me *gustaría* reservar una mesa.　テーブルを予約したいのですが。

Deberías estudiar español más.　君はもっとスペイン語を勉強するべきじゃないのかなあ。

③ **関係詞**（⇒ Apéndice ①）

名詞を文で修飾する際に名詞と文を結ぶ語。*que, quien*（先行詞＝人 , 前置詞なしの限定用法不可。独立用法あり）、*donde*（先行詞＝場所、*en* を含意）等がある。

1）¿Quién es la chica *que* salió con Juan anoche?　昨晩フアンと出かけた女の子は誰ですか？

2）¿Quién es la chica *con la que / con quien* Juan salió anoche?

　　　　　　　　　　　　　　　　　　　昨晩フアンが一緒に出かけた女の子は誰ですか？

3) Este es el pueblo *en el que / donde* nació Miró.　ここがミロの生まれた村です。

4) *La que / Quien* está bailando es mi hija.　踊っているの（女性）は私の娘です。

5) *Los que / Quienes* viven en Galicia hablan gallego.　ガリシアに住む人々はガリシア語を話す。

6) *Lo que* me gusta es cocinar.　私の好きなことは料理することです。

[Ejercicios3]

1. Completa las frases con la forma adecuada del futuro simple.

   未来形の適切な活用形にしましょう。

   1) *ir* al cine（映画に行く）[ellas]

   2) *tener* tiempo（時間がある）[tú]

   3) *salir* de casa a las cinco（5 時に家を出る）[nosotros]

   4) *hacer* buen tiempo（天気がよい）[3 単]

   5) dentro de diez días *saber* las notas（10 日後に成績を知る）[vosotros]

   6) mañana *levantarse* temprano（明日早く起きる）[yo]

2. Traduce al español. 未来形と現在形を使いわけてスペイン語にしましょう。

   1) 両親は日曜日に東京に (a) 来るでしょう。/ (b) 来る。　　(venir, Tokio, el domingo)

   2) 友人たちは今大学に (a) いるだろう。/ (b) います。　　(estar, ahora)

   3) 明日上司は新たな計画を我々に (a) 発表するだろう。/ (b) 発表する。

   (jefe, decir, nuevo plan)

   4) この飛行機は成田に (a) 朝 6 時に着きます。/ (b) 遅れて着くでしょう。

   (avión, aeropuerto de Narita, con retraso)

   5) 何も問題は (a) ありません。/ (b) ないでしょう。(haber, ningún problema)

3. Completa las frases con la forma adecuada del condicional simple y tradúcelas al japonés.

   過去未来形を入れて和訳しましょう。

   1) ¿ (Poder, *yo* 　　　　　　) usar el servicio?

   2) ¿ (Poder, *tú* 　　　　　　) venir a buscarme a la estación?

   3) Me (venir, 3 単 　　　　　　) mejor el martes por la mañana. *venir bien 都合がよい

   4) (Querer, *yo* 　　　　　) presentarte a mi novia.

   5) Hoy (deber, *vosotros* 　　　　　　) quedaros en casa. *quedarse とどまる

4. Completa las frases con el relativo. 関係詞を入れましょう。*(　　) 内は 1 語とは限らない

   1) ¿Dónde está el libro (　　　　　　) compraste ayer?

   2) ¿Quién es la chica (　　　　　　) vas a cenar esta noche?

   3) Esta es la casa (　　　　　) murió Picasso.

   4) (　　　　　) le gusta a Javier es cantar.

   5) (　　　　　) está sentado a mi lado es mi primo.

5. Completa las frases y tradúcelas al japonés.

( ) 内に適切な語を入れ、友達同士の都合を確認する会話を作りましょう。*( ) 内は 1 語とは限らない

1) A : ¿Por qué no (ir 現在, *nosotros*) al cine?

2) B : Muy bien. ¿Cuándo (quedar 現在, *nosotros*)?

3) A : ¿Te (venir 現在) bien (水曜日) por la tarde?

4) B : Pues..., el miércoles no puedo. He quedado.
   ¿Qué te (parecer 現在) si nos vemos el jueves (6 時に
)? Así (tener 未来, *nosotros*) más tiempo.

5) A : Vale. Hasta (木曜日) .

6. Completa las frases. 日本語を参考に適切な語を入れ、仕事上の打ち合わせの予定を確認しましょう。

   *( ) 内は 1 語とは限らない

1) C : 「何時にお約束できますでしょうか？」
   ¿A qué hora (poder 過去未来, *nosotros*) quedar?

2) D : 「月曜日午前 10 時はいかがですか？」
   ¿Le (venir 現在) bien el lunes a las diez de la mañana?

3) C : 「10 時は難しいです。もう少し遅くの方がいいのですが。」
   A las diez me viene mal. (Preferir 過去未来, *yo*) más tarde.

4) D : 「12 時ならいらっしゃれますか？」
   ¿(Poder 過去未来, *usted*) venir a las doce?

5) C : 「はい、大丈夫です。どこでお会いできますでしょうか？」
   Sí, muy bien. ¿Dónde (poder 過去未来, *nosotros*) vernos?

6) D : 「事務所に来ていただいて構いませんか？」
   ¿Le (importar 過去未来) venir a mi oficina?

7) C : 「承知しました。では月曜日 12 時に。」
   De acuerdo. Hasta (月曜日)(12 時に), entonces.

7. Completa las frases y tradúcelas al japonés. 本文を参考に適切な語句を入れて和訳しましょう。

1) Este [週末] Sonia y Blanca (ir 未来) a Toledo.
   Yo también (poder 未来) ir con ellas.

2) ¿(Estar 現在完了, *tú*) alguna vez en América Latina?

3) ¿(Poder 過去未来, *yo*) poner la televisión ?

4) ¿Qué te parece si (dar 現在, *nosotros*) una vuelta por las calles?

5) No (acordarse 現在, *yo*) del número de teléfono de Carmen.

6) No (saber 現在, *yo*) si Javier (venir 未来) con nosotras.

7) [次の火曜日] tengo que [提出する] un trabajo escrito.

8) No pasa nada. Te (ayudar 未来, *nosotros*).

9) José (ser 現在) el chico con quien (salir 現在, *yo*).

10) Nunca (poder 現在, *yo*) [欠席する] a la clase del
    profesor López.

11) Ya (irse 現在, *yo*). Te (llamar 未来, *yo*) luego.

[Diálogo3-2]

ユミがソニアに電話する。

(Por teléfono)

① Yumi : Hola, Sonia. Perdóname, no puedo salir a comer hoy, porque tengo un dolor terrible de muelas.

② Sonia : Yumi, si no puedes aguantar el dolor, tienes que ir al dentista.

③ Yumi : No conozco a ninguno en España.

④ Sonia : Voy a darte el número de teléfono del dentista **al que** voy yo.

⑤ Apúntalo y llámale.

⑥ Yumi : Vale, gracias, Sonia. Voy a llamarle ahora mismo.

⑦ ¿Qué te parece si dejamos la comida para la semana próxima?

⑧ Sonia : Pues... A finales de la próxima semana he quedado con unos amigos.

⑨ **Preferiría** el sábado de la semana siguiente.

⑩ Yumi : ¿A qué hora quedamos?

⑪ Sonia : ¿Te viene bien a las dos?

⑫ Yumi : No hay ningún problema.

⑬ Hasta el sábado 16, dentro de quince días, a las 2 en la entrada de los grandes almacenes de siempre.

⑭ Sonia : Vale, que te mejores. Nos vemos dentro de dos semanas.

(Yumi llama al dentista.)

⑮ Recepcionista : Clínica del doctor Martín, dígame.

⑯ Yumi : Hola, buenos días. **Querría** reservar día y hora con el doctor Martín.

Notas y vocabulario

perdóname 「ごめんなさい」(perdonar「許す」肯定命令［2 単］+ me)

apúntalo 「メモを取って」(apuntar「書きとめる」肯定命令［2 単］+ lo)

llámale 「電話しなさい」(llamar「電話する」肯定命令［2 単］+ le *lo 相当の le（スペインでの用法))

preferiría ... 「～の方がいいのですが」

¿te viene bien ...? 「... は都合はどうですか?」

que te mejores 「お大事に」(mejorarse「よくなる、回復する」接続法現在［2 単］)

clínica del doctor Martín 「マルティン（歯科）医院」

dígame 「もしもし」(受けた側)(decir 肯定命令［3 単］+ me)

ahora mismo 今すぐ	**quedar** （会う）約束をする、待ち合わせる
dejar ... (para) （～まで）... を遅らせる、延期する	**venir bien/mal** （人に）都合が良い / 悪い
a finales de ～ ～の終わり頃に	**dentro de** （＋期間）～後に
preferir ... (a) （～より）... の方を好む	**reservar día y hora** 日時を予約する

Lección 4

Espero que a tu madre le guste Barcelona.

CD 08
DL 08 ▶ **[Diálogo4-1]**

ユミがハビエルに旅行の予定を話す。

(Otro día, en la universidad)

① Yumi : Sonia y yo viajaremos a Barcelona con mi madre el mes próximo.

② Javier : ¡Estupendo! Quiero que me **enseñes** las fotos que **saques**.

③ Yumi : Claro que sí. Es la primera vez que mi madre viene a España.

④ Javier : Entonces les recomiendo que **vayan** a la Sagrada Familia.

⑤ ¿La han visto ya?

⑥ Yumi : Yo, sí, pero Sonia no conoce Barcelona.

⑦ Javier : Como sabes, desde hace más de 100 años está en obras.

⑧ Yumi : No creo que la **terminen** en unos diez años como dicen.

⑨ A decir verdad, quiero ir a la Fundación Miró también, pero es posible que no **tengamos** suficiente tiempo.

⑩ Javier : Bueno, que **tengan** buen viaje y lo **pasen** bien.

⑪ Espero que a tu madre le **guste** Barcelona.

⑫ Yumi : Gracias. Espero que así **sea**.

⑬ Javier : Oye, ¿puedes traerme algún folleto que **esté** escrito en catalán?

⑭ Es que me interesa la lengua catalana.

⑮ Yumi : Vale. Bueno, nos veremos cuando **vuelva**.

*Javier は venezolano なので vosotros でなく ustedes で話しています。

═══════════ **Notas** ═══════════

quiero que me enseñes las fotos que saques. （直訳「君が［もし撮ったら］撮った写真を私に見せるよう望みます。」）

claro que sí 「もちろんいいよ」

la Sagrada Familia サグラダ・ファミリア（聖家族教会）。ガウディ（Antoni Gaudí 1852-1926）が設計。

como sabes 「知ってのとおり」「君も知っているように」

está en obras 「工事中である」（ここの主語は la Sagrada Familia）

la terminen < terminar la Sagrada Familia サグラダ・ファミリアを完成させる、工事を終える

como dicen 「（人々が）言っているとおり」「言われているように」

a decir verdad 「本当は」「本当のことをいうと」

la Fundación (Joan) Miró （ジョアン）ミロ財団（美術館）（Joan Miró 1893-1983 スペインの画家）

「お母さんがバルセロナを気に入ってくれるといいね」

（別の日。大学で）

① ユミ：　来月ソニアと私はうちの母と一緒にバルセロナに旅行するのよ。

② ハビエル：　素晴らしい！ 撮った写真を見せてほしいな。

③ ユミ：　もちろんよ。母はスペインに来るの初めてなの。

④ ハビエル：　それじゃあ、サグラダ・ファミリアに行くのをお勧めするよ。

⑤ 　　君たちは見たことあったっけ？

⑥ ユミ：　私はあるけど、ソニアはバルセロナに行ったことないんですって。

⑦ ハビエル：　100 年以上前から工事中なんだよね。

⑧ ユミ：　言われているようにあと 10 年やそこらで終わるとは思わないわ。

⑨ 　　本当いうとミロ美術館にも行きたいんだけど、十分な時間がとれないかもしれない。

⑩ ハビエル：　まあとにかく、よい旅行をね、楽しんで来て。

⑪ 　　君のお母さんがバルセロナを気に入ってくれるといいね。

⑫ ユミ：　有難う。そうだといいけど。

⑬ ハビエル：　ねえ、カタルーニャ語で書かれたパンフレットを何かもらってきてくれる？

⑭ 　　僕はカタルーニャ語に興味があるんだ。

⑮ ユミ：　いいわよ。それじゃあ帰ってきたらまた会いましょう。

Vocabulario

viaje　旅行、（乗物での）移動

estupendo　素晴らしい

querer que（＋接続法）　～してほしい

enseñar　見せる、教える

sacar　取り出す、引き出す、（写真を）撮る

recomendar（que ＋接続法）　～するよう勧める

conocer　（体験的に）知る、
　　　　　（場所に）行ったことがある

desde hace（＋期間）　～前から

más de（＋数）　～以上

obra　工事、作品

no creer que（＋接続法）　～とは思わない

terminar　終える、完了する

ser posible que（＋接続法）　～かもしれない

suficiente (para)　（～に）十分な

pasarlo bien　楽しく過ごす

esperar que（＋接続法）　～するよう期待する

así　そのように

folleto　パンフレット

catalán (=lengua catalana)　カタルーニャ語

[Gramática4]

① 接続法

未実現のことや想定したことを、事実かどうかの判断を保留して、主観的に表す動詞形式。

1）接続法現在・活用

1. 規則的に作れるもの：直説法現在 1 人称単数が o で終わるものはその o を取った形が語幹。

接続法現在の語尾　-ar 動詞→ e 系語尾 (**-e, -es, -e, -emos, -éis, -en**)

　　　　　　　　　　-er/-ir 動詞→ a 系語尾 (**-a, -as, -a, -amos, -áis, -an**)

hablar（hablo）

habl**e**	habl**emos**
habl**es**	habl**éis**
habl**e**	habl**en**

comer（como）

com**a**	com**amos**
com**as**	com**áis**
com**a**	com**an**

vivir（vivo）

viv**a**	viv**amos**
viv**as**	viv**áis**
viv**a**	viv**an**

tener（tengo）

teng**a**	teng**amos**
teng**as**	teng**áis**
teng**a**	teng**an**

traer（traigo）

traig**a**	traig**amos**
traig**as**	traig**áis**
traig**a**	traig**an**

2. 語幹母音変化動詞：L 字型に母音変化。-ir 動詞は 1,2 人称複数でも母音変化あり。

pensar [e-ie]（pienso）

p**ie**nse	pensemos
p**ie**nses	penséis
p**ie**nse	p**ie**nsen

volver [o-ue]（vuelvo）

v**ue**lva	volvamos
v**ue**lvas	volváis
v**ue**lva	v**ue**lvan

dormir [o-ue-u]（duermo）

d**ue**rma	d**u**rmamos
d**ue**rmas	d**u**rmáis
d**ue**rma	d**ue**rman

3. 完全不規則：以下 6 つ（直説法現在が o で終わらないもの）。語尾は規則活用と同じ。

ir → **vaya**, haber → **haya**, saber → **sepa**, ser → **sea**, estar → **esté**, dar → **dé**

⇒巻末活用表

2）接続法の用法

［名詞節：願望・要求・疑惑・可能性・感情・価値判断など］

Quiero que *vuelvas* pronto a Japón.　　　　　　私は君にすぐに日本に戻ってきてほしい。

El profesor nos dice que *estudiemos* más.　　　先生は私たちにもっと勉強するよう言う。

［形容詞節：先行詞の実在が不明、あるいは先行詞の指示するものが現実に存在しない場合］

Buscan empleados que *sepan* inglés.　　　　英語のわかる社員を募集している。

［副詞節：未来（未実現）の時・条件・目的など］

Cuando *llegues* al aeropuerto, ¿puedes llamarme?　空港に着いたら僕に電話をくれる？

Hasta que *venga* María, voy a esperarla aquí.　　マリアが来るまでここで待とう。

Te doy este libro para que lo *leas*.　　　　　　君が読んでくれるようにこの本をあげるよ。

［独立文：願望・疑惑など］

¡Ojalá mi novio me *compre* un anillo!　　　　恋人が指輪を買ってくれますように！

Quizás *venga* Juan.　　　　　　　　　　　　おそらくフアンは来るだろう。

[Ejercicios4]

1. Completa las frases con el presente de subjuntivo y tradúcelas al japonés.

接続法現在の適切な形を入れて和訳しましょう。

[A] 名詞節・独立文

1) Mi madre nos dice que no (poner   ) la televisión cuando cenamos.

2) Espero que a usted le (ir   ) todo bien.

3) Deseamos que ustedes (tener   ) unas Navidades llenas de paz y alegría.

4) Me alegro de que (venir, *tú*   ) a mi boda.

5) Mario me pide que (ponerse, *yo*   ) en contacto con él.

6) Es natural que María (estar   ) enfadada contigo.

7) Siento que no (poder, *tú*   ) venir a la fiesta.

8) ¿Crees que hay asientos libres? — No creo que (haber   ) asientos libres a esta hora.

9) ¡Ojalá (hacer   ) buen tiempo mañana!

10) Tal vez (llegar, *ellos*   ) a tiempo.

[B] 関係節・副詞節

1) Necesito a alguien que (hablar   ) ruso.

2) No hay nadie que (poder   ) comprar un piso tan lujoso.

3) Nuestro jefe busca una secretaria que (saber   ) informática.

4) Haremos todo lo que (poder   ) .

5) ¿Podemos hablar cinco minutos antes de que (irse, *tú*   )?

6) Raúl habla por teléfono en voz baja para que no lo (oír, *nosotros*   ).

7) Cuando (viajar   ) a España, iré a Toledo.

8) Aunque (llover   ), iremos de excursión. *aunque(＋接続法)〜しても(譲歩)

9) Podéis venir a mi casa cuando (querer   ).

10) Será mejor que usted (asistir   ) a la reunión a no ser que (sentirse   ) mal . *a no ser que（＋接続法）〜でない限り

11) En cuanto (aterrizar   ) el avión, te mandaré un mensaje.

12) El profesor habla despacio a fin de que los estudiantes le (entender   ) bien.

2. Traduce al español. 接続法現在を用いてスペイン語で言ってみましょう。

1) 父は私に夜9時以降は外出しないよう言う。

(salir de casa, a partir de)

2) フアナ Juana に会ったらそれを（彼女に私が）伝えておくよ。

(lo, decir 未来)

3. Traduce al español con la forma adecuada del presente de subjuntivo en la frase relativa.
   関係節内に接続法現在を用いてスペイン語にしましょう。

   1) ピラール Pilar には食事に誘ってくれるような男友達がひとりもいない。
      (tener, amigo, invitar a comer)

   2) アントニオ Antonio は料理の上手な女の子と結婚したがっている。
      (querer, casarse, chica, saber cocinar bien)

   3) 僕たちはお土産（複数）をどこか空港の中にある店で買えばいい。
      (poder, comprar, recuerdo, tienda, estar, aeropuerto)

4. Completa las frases con el presente de indicativo o de subjuntivo y tradúcelas al japonés.
   直説法現在か接続法現在の適切な方を入れて和訳しましょう。

   1) Quiero cenar en algún restaurante que (estar   ) cerca del hotel.
   2) Esta es la profesora que (colaborar   ) conmigo.
   3) El periódico dice que los impuestos (ir   ·) a subir.
   4) El médico me dice que (quedarse   ) tranquilo en casa.
   5) Te regalaré alguna novela española que (ser   ) divertida.
   6) Es bueno que (aprender, *vosotros*   ) idiomas extranjeros cuando sois
      jóvenes.

5. Completa las frases con las palabras adecuadas o los verbos conjugados en el presente de
   subjuntivo. 本文を参考に適切な語句または動詞の接続法現在形を入れ、和訳しましょう。

   1) Quiero que me (enseñar, *usted*   ) las fotos.
   2) Os ［勧める（1 単）   ］ que (ir, *vosotros*   ) a la Sagrada Familia.
   3) No creo que (terminar, *tú*   ) este ［仕事   ］ ［1 週間で   ］.
   4) Es posible que no (tener, *yo*   ) ［十分な時間   ］ para
      hacer los deberes.
   5) ¡Que (tener, *tú*   ) buen ［旅行   ］ y lo (pasar, *tú*
) bien!
   6) Espero que te (gustar   ) los cuadros de Picasso.
   7) Espero que (ser, *tú*   ) feliz.
   8) ¿Puedes ［私に持ってくる   ］ algunas fotos que (sacar, *tú*   )?
   9) Veremos a María cuando (volver, *ella*   ) a Tokio.
   10) ¿Hay algún ［パンフレット   ］ que (estar   ) escrito ［日
       本語で   ］?
   11) No puedo creer que la catedral (estar   ) en obras desde hace ［50 年以
       上   ］.
   12) Me alegro de que os (interesar   ) la cultura japonesa.

直説法との比較	
Cuando *llegas* al aeropuerto, siempre me llamas.	*cuando（＋直説法）「～するとき」（習慣、一般的）
Aunque *llueve*, vamos de excursión.	*aunque（＋直説法）「～だけれども」（逆接）
Quizás / Tal vez / A lo mejor *llega* Juan.	*実現可能性が高いと話し手が判断した場合直説法

▶ [Diálogo4-2]
DL 09

結婚を控えたホセとカルメンが新居を探す。共働きで条件が多い。

(En una agencia inmobiliaria)

① Agente inmobiliario : Hola, buenos días, ¿en qué puedo ayudarles?

② José : Estamos buscando un piso de alquiler que **esté** cerca de la estación.

③ A cinco minutos a pie más o menos, si es posible.

④ Carmen : Y es mejor que **haya** algún supermercado cerca, que **esté** abierto hasta tarde, es que trabajamos los dos.

⑤ Agente inmobiliario : Entonces, tenemos este, que tiene tres dormitorios, un salón, un comedor y una cocina.

⑥ Está justo delante de la estación y en la planta baja hay un super- mercado.

⑦ José : ¿Y cuánto cuesta?

⑧ Agente inmobiliario : 1 200 euros al mes, incluidos los gastos de comunidad.

⑨ Carmen : Es demasiado caro. ¡Imposible! ¿Tiene algo más barato?

⑩ No nos importa aunque **sea** más pequeño y **esté** un poco más lejos de la estación.

⑪ Agente inmobiliario : Entonces, tenemos este, que está a quince minutos a pie de la estación, construido hace diez años y cuesta 750 euros al mes.

⑫ Tiene mucha luz y está en una calle muy tranquila.

⑬ Se lo recomiendo.

⑭ José : No está mal. ¿A ti qué te parece?

⑮ Carmen : Quince minutos no es tanto, si está en una tranquila zona residencial.

⑯ José : ¿Podríamos verlo ahora?

─────── **Notas y vocabulario** ───────

¿en qué puedo ayudarle (les)? 「ご用件はなんでしょうか」
a pie 「歩いて」
más o menos 「だいたい」「～前後」
al mes (=por mes) 「ひと月あたり」
no importa 「構わない」
no está mal 「悪くない」
no es tanto 「それほどでもない」「たいしたことはない」

agencia inmobiliaria 不動産屋
agente inmobiliario 不動産業者
de alquiler 賃貸の

gastos de comunidad 管理費、共益費
tener mucha luz 日当たりがよい
zona residencial 住宅地

Lección 5

Me da miedo que se haya perdido.

CD 10 ▶ **[Diálogo5-1]**
DL 10

映画に行く約束。待ち合わせにユミが来ない。

(Delante del cine)

① Javier : Yumi no viene. Es muy raro que llegue tarde.

② Sonia : ¿Le **habrá pasado** algo?

③ Javier : Me da miedo que **se haya perdido**.

④ Es que son bastante complicadas las calles del barrio antiguo de Madrid.

(Suena el teléfono.)

⑤ Yumi : Hola, Sonia, perdona, ¿a qué hora empezaba la película?

⑥ Sonia : A las siete. ¿Dónde estás ahora, Yumi?

⑦ Yumi : Estoy en el metro. Me he equivocado de tren y tardaré un poco más.

⑧ ¿Podríais esperarme en algún café?

⑨ Sonia : Vale. Te mandaré un mensaje luego.

⑩ Yumi : Lo siento mucho. **Habré llegado** para las seis y media.

⑪ Sonia : Muy bien. Te esperaremos tomando café.

━━━━━━━━━━━━━━ **Notas** ━━━━━━━━━━━━━━

¿le habrá pasado algo? 「彼女に何かあったのだろうか？」

¿a qué hora empezaba la película? 「映画は何時に始まるんだったっけ？」（線過去の婉曲用法）

「道に迷ったんじゃないかと心配です」

（映画館の前で）

① ハビエル： ユミが来ないね。彼女が遅刻するなんておかしいな。

② ソニア： 何かあったのかしら？

③ ハビエル： 道に迷ったんじゃないかと心配だよ。

④ 　　　　　マドリッドの旧市街の通りはとても複雑だから。

（電話が鳴る）

⑤ 　ユミ： もしもし、ソニア、ごめんなさい。映画は何時に始まるんだったかしら？

⑥ ソニア： 7時よ。ユミ、あなた今どこにいるの？

⑦ 　ユミ： 地下鉄の中。電車を間違えちゃって、もうちょっと時間がかかると思う。

⑧ 　　　　 どこかのカフェで待っててもらっていい？

⑨ ソニア： わかった。あとでメールするわね。

⑩ 　ユミ： ほんとに申し訳ない。6時半までには着いてると思うけど。

⑪ ソニア： わかった。お茶でも飲みながら待ってるわ。

Vocabulario

cine 映画、映画館

para （＋不定詞）〜するために、（＋期限）〜までに

raro 変な、珍しい

miedo 恐怖、心配

dar miedo que （＋接続法）　怖がらせる、〜ではないかと心配させる

perderse （人が）道に迷う、（物が）なくなる

complicado 複雑な、難しい

barrio antiguo 旧市街

equivocarse de （＋無冠詞名詞）　〜を間違える

mensaje 伝言、メッセージ、（1件の）メール

[Gramática5]

1 接続法現在完了

1）活用：haber 接続法現在＋過去分詞

hablar   comer

haya hablado	**hayamos** hablado	**haya** comido	**hayamos** comido
hayas hablado	**hayáis** hablado	**hayas** comido	**hayáis** comido
haya hablado	**hayan** hablado	**haya** comido	**hayan** comido

2）用法

接続法をとる文脈で、基準時（主節）が現在のとき基準時までに完了したことを表す。

Me alegro de que *hayas venido*.   君が来てくれたのが私は嬉しい。［完了・前時］

  cf. Me alegro de que *vengas*.   君が来てくれるのが私は嬉しい。［未完了・同時］

Es posible que *haya llovido*.   雨が降ったのかもしれない。［完了・前時］

  cf. Es posible que *llueva*.   雨が降るかもしれない。［未完了・同時］

独立文の場合は、発話時までに完了したことを表す。

Quizás *hayan venido*.   おそらく彼らは来ただろう。［完了・前時］

  cf. Quizás *vengan*.   おそらく彼らは来るだろう。［未完了・同時］

2 直説法未来完了

1）活用：haber 直説法未来＋過去分詞

hablar   comer

habré hablado	**habremos** hablado	**habré** comido	**habremos** comido
habrás hablado	**habréis** hablado	**habrás** comido	**habréis** comido
habrá hablado	**habrán** hablado	**habrá** comido	**habrán** comido

2）用法

未来のある時点までの完了、現在完了の推量

Para el próximo lunes ya *habré visto* esa película.

次の月曜日までには私はもうその映画を見てしまっているだろう。

Creo que a esta hora ya *habrán llegado* a casa.

彼らはこの時間には既に家に着いてしまっているだろうと思います。

3 無意志表現

再帰動詞（主に物主語）＋間接目的語。間接目的語は影響を受ける対象を表す。「se - に - 活用動詞」の順。

Se me ha perdido la llave. — ¿Dónde la has perdido?   鍵がなくなっちゃった。—どこでなくしたの？

Oiga, *se le ha caído* la cartera.　　　すみません、お財布が落ちましたよ。

Se me olvidó su nombre.　　　私は彼の名前を忘れてしまった。

[Ejercicios5]

1. Completa las frases con la forma adecuada del presente o del pretérito perfecto compuesto de subjuntivo. 日本語に合うよう接続法現在か接続法現在完了の適切な方を入れましょう。

1 a）会に参加してくださることをあなたに感謝します。

Le agradezco que usted (asistir 　　　　　　　　) a la reunión.

1 b）会に参加してくださったことをあなたに感謝します。

Le agradezco que usted (asistir 　　　　　　　　) a la reunión.

2 a）君が日本に戻るのを花子は喜んでいる。

Hanako se alegra de que (volver 　　　　　　　　) a Japón.

2 b）君が日本に戻ったのを花子は喜んでいる。

Hanako se alegra de que (volver 　　　　　　　　) a Japón.

3 a）息子たちが手紙を書いてくれるのが私は嬉しい。

Estoy contenta de que mis hijos me (escribir 　　　　　　　　).

3 b）息子たちが手紙を書いてくれたのが私は嬉しい。

Estoy contenta de que mis hijos me (escribir 　　　　　　　　).

2. Completa las frases con el pretérito perfecto compuesto de subjuntivo y tradúcelas al japonés. 接続法現在完了を入れて和訳しましょう。

1) Siento mucho que (resfriarse, *tú* 　　　　　　　　).

2) No creo que José le (decir 　　　　　　　　) a Carmen la verdad.

3) Es posible que (llover 　　　　　　　　) esta mañana.

3. Traduce al español con la forma adecuada del pretérito perfecto compuesto o del futuro compuesto de indicativo. 直説法現在完了か直説法未来完了の適切な方を用いてスペイン語にしましょう。

1 a）もう私たちは職場に着いている。

 b）午前9時には私たちは職場に着いているだろう。
　　(llegar al trabajo)

2 a）（私は）傘を電車の中に置いてきちゃった。

 b）（私は）傘を電車の中に置いてきちゃったかなあ？
　　(dejarse, paraguas, tren)

4. Traduce al español. 本文の表現を参考に時制に気をつけてスペイン語にしましょう。

   1) 母は時間を間違えたんだろうか？［未来完了］

      (equivocarse de, hora)

   2) 子供たちが道に迷ってしまったのではと私は恐れています。

      (dar miedo, niño, perderse)

   3) 東京の地下鉄はとても複雑です。

      (metro, Tokio, complicado)

   4) ユミがロメロ Romero 先生（男）の授業に欠席するなんて変だ。

      (ser raro, faltar a, clase)

5. Traduce al español. 再帰動詞と間接目的語を用いた無意志表現で言ってみましょう。

   1) （私は）パスポートがなくなってしまった。［現在完了］
      (perderse, pasaporte)

   2) （友達に）眼鏡がこわれちゃったの？［現在完了］
      (romperse, gafas)

   3) （私は）いいアイディアを（ひとつ）思いついた。［点過去］
      (ocurrirse, buena idea)

6. Completa las frases y tradúcelas al japonés. 本文を参考に適切な語句を入れて和訳しましょう。

   1) ¿Les (pasar 直説法未来完了   ) algo?
   2) Me da miedo que mi hija (perderse 接続法現在完了   ).
   3) (Llegar 直説法未来完了, *nosotros*   ) a casa para las siete y media.
   4) Es muy raro que (llegar 接続法現在, *vosotros*   ) a tiempo a la clase de
      español.
   5) Ana (equivocarse 直説法現在完了   ) de tren y (tardar 未来   )
      un poco más.
   6) Te (esperar 未来, *yo*   ) tomando café.
   7) ¿ (Poder 過去未来, *ustedes*   ) esperarme en algún café?
   8) Te mandaré un ［メッセージ   ].
   9) La situación actual es muy ［複雑な   ].
   10) ¿Dónde está la estación? — Lo (sentir 直説法現在, *yo*   ), pero no soy de
       este barrio.

[Diálogo5-2]

ユミ、ソニア、ハビエルは夕方の無料の時間帯にプラド美術館を訪問する。

(En la salida del Museo del Prado)

① Yumi : Había mucha gente, pero me ha encantado.

② Sonia : Desde las seis de la tarde, como es gratis, siempre hay mucha cola delante de la taquilla.

③ Javier : A pesar de eso, a mí también me ha gustado mucho.

④ Es imposible que veamos todos los cuadros en un solo día.

⑤ Cuando tenga tiempo, vendré otra vez.

⑥ Sonia : ¿Qué cuadro te gustó más?

⑦ Javier : *La maja vestida*. A mí, sin duda, me han gustado los cuadros de Goya.

⑧ Yumi : A mí también. Me parece que Goya representó muy bien tanto el ambiente de las calles madrileñas como el carácter de los españoles.

⑨ Sonia : Opino igual que tú.

⑩ A mí también el pintor que más me gusta es Goya.

⑪ Me alegro de que os **haya gustado** Goya a los dos.

⑫ Javier : Bueno, ¿por qué no tomamos algo en un bar?

⑬ Yumi : Vale.

⑭ Sonia : Uy, se me ha perdido el monedero.

⑮ **Se** me **habrá caído**...

=== **Notas y vocabulario** ===

hay mucha cola 「長い行列ができている」「並んでいる」

en un día 「1日で」

La maja vestida 『着衣のマハ』（ゴヤの代表作。*La maja desnuda* 『裸のマハ』と対。）

Goya ゴヤ（Francisco de Goya 1746-1828 スペインの画家）

el pintor que más me gusta 「私のいちばん好きな画家」（最上級表現）

uy 「おや」「まあ」「うわ」（驚き・不審等の表現）

encantar （物が）魅了する、とても気に入る	**sin duda** 間違いなく、疑いなく
gratis 無料で	**tanto ~ como** ... 〜も…も
cola 尾、行列（の後尾）	**opinar** 意見を持つ
a pesar de ~ 〜にもかかわらず	**perder** なくす、失う、（機会を）逃す
solo （名詞の前で）ただ1つの	**caerse** 落っこちる、落としてしまう

Lección 6

Quédese con el cambio.

CD 12
DL 12 ▶ **[Diálogo6-1]**

バルでデートするハビエルとソニア。

(En un bar)

① Camarero : Buenas tardes. ¿Qué van a tomar?

② Javier : Una caña, por favor.

③ Sonia : Para mí, una sangría.

④ Camarero : Muy bien. ¿Les apetece comer algo?

⑤ Javier : Sí, una ración de mejillones, una de calamares fritos y una de buñuelos de bacalao.

⑥ Camarero : Lo siento, pero los mejillones se nos han terminado.

⑦ Les recomiendo las gambas, que son muy frescas.

⑧ Javier : Vale, pues, **tráiganos** una de gambas a la plancha.

⑨ Sonia : Javier, **toma** algo de verdura también. **Pidamos** una ensalada.

⑩ Una ensalada mixta, por favor. Por el momento, está bien.

⑪ Camarero : Muy bien. Ahora mismo.

(Después de comer)

⑫ Javier : La cuenta, por favor.

⑬ Camarero : Aquí tiene. (Vuelve el camarero.) Y aquí tiene el cambio.

⑭ Javier : Hemos comido muy bien. **Quédese** con el cambio.

⑮ Camarero : Gracias, señor.

⑯ Sonia : Hasta luego.

===== **Notas** =====

muy bien 「かしこまりました」「わかりました」

¿le (les) apetece ...? 「～はいかがですか？」

por el momento 「今のところ」「とりあえず」「差し当たり」

quédese con el cambio (=con la vuelta). 「お釣り（小銭）は取っておいてください。」

「お釣りは取っておいてください」

（バルで）

① ウェイター： いらっしゃいませ。何になさいますか？

② ハビエル： 僕は生ビール。

③ ソニア： 私はサングリアを。

④ ウェイター： かしこまりました。お料理はいかがですか？

⑤ ハビエル： はい、ムール貝と、イカフライと、タラの揚げもの。

⑥ ウェイター： 申し訳ありませんが、ムール貝は本日売り切れてしまいまして。

⑦ エビがお勧めですよ。とても新鮮ですから。

⑧ ハビエル： わかりました。それじゃ、エビの鉄板焼きをください。

⑨ ソニア： 野菜も何か少しとりなさいよ、ハビエル。サラダ注文しましょう。

⑩ ミックスサラダ1つ、お願いします。とりあえず、以上でいいわ。

⑪ ウェイター： かしこまりました。ただいま。

（食後に）

⑫ ハビエル： お勘定お願いします。

⑬ ウェイター： こちらです。（戻ってくる）こちらがお釣りです。

⑭ ハビエル： おいしかったです。お釣りは取っておいてください。

⑮ ウェイター： 有難うございます、お客さま。

⑯ ソニア： ごちそうさま。

Vocabulario

caña 生ビール（用のグラス）、サトウキビ酒［南米］

sangría サングリア（赤ワインにレモン、オレンジ等を漬けた飲みもの）

apetecer 〜が（人に）したい気がする

ración （料理の）1人前、1食分

mejillón ムール貝

calamar イカ

buñuelo ドーナツ、揚げ菓子、揚げもの

bacalao タラ

terminarse 終わる、売り切れる

gamba エビ（小エビ）

fresco 新鮮な、冷たい

a la plancha 鉄板焼き

algo 何か

algo de 〜 少しの〜

mixto 混成の、混じった

cuenta 計算、会計、勘定

cambio お釣り、小銭

37

[Gramática6]

① 肯定命令

yo		nosotros	接続法現在 1 人称複数形
tú	直説法現在 3 人称単数形 （不規則形あり）*	vosotros	不定詞の r を d に換える
usted	接続法現在 3 人称単数形	ustedes	接続法現在 3 人称複数形

nosotros に対する肯定命令は「（我々は）〜することにしよう」の意味

hablar　　　　　　　　　**traer**

	habl**emos**		traig**amos**
habl**a**	habl**ad**	tra**e**	tra**ed**
habl**e**	habl**en**	traig**a**	traig**an**

*2 人称単数不規則形

decir → *di*　　　　**hacer** → *haz*　　　**ir** → *ve*　　　　　　**poner** → *pon*

salir → *sal*　　　　**ser** → *sé*　　　　**tener** → *ten*　　　　**venir** → *ven*

Oye, tengo que decirte una cosa...　　ねえ、君に言わなければならないことがあるんだ…

Pase, por favor.　　どうぞ入ってください。

② 代名詞を伴う肯定命令

目的語代名詞は、肯定命令の動詞の直後に間接−直接の順に置く。「**肯定命令 - に - を**」

Mira el cuaderno.　　ノートを見なさい。　　　　　　→ *Míralo.*

Mire la pantalla.　　画面を見てください。　　　　　→ *Mírela.*

Dame el caramelo.　　私にキャンディをちょうだい！　→ *Dámelo.*

Dígale la verdad.　　彼に真実を言ってください。　　→ *Dígasela.*

③ 再帰動詞の肯定命令

再帰代名詞を動詞の直後につける。「**肯定命令 -se- に - を**」

ただし 1・2 人称複数は再帰代名詞 nos, os の直前の 1 文字が落ちる。

levantarse

	levant**émonos**
levánta**te**	levanta**os**
levánte**se**	levánten**se**

Levantaos temprano.　　　　早起きしなさい。

Siéntate aquí. *Ponte* cómoda.　　ここに座って。楽にしてね。

Quítese los zapatos.　　　　靴を脱いでください。　　→ *Quíteselos.*

Ponte la corbata.　　　　　ネクタイを着けなさい。　　→ *Póntela.*

[Ejercicios6]

1. Escribe el imperativo del verbo en cursiva. [   ] 内の相手に対する肯定命令の形にしましょう。

  1) *hablar* despacio [tú, vosotros]

  2) *venir* aquí [tú, usted]

  3) *volver* a casa pronto [tú, ustedes]

  4) *ponerse* el abrigo [usted, tú]

  5) *sentarse* en este banco [nosotros, vosotros]

2. Traduce al español. 肯定命令の形を用いて言ってみましょう。

  1)（1人の友達に）君のノートを私に貸してよ。
    (dejar , cuaderno)

  2)（ウェイターに丁寧に）私たちに赤ワインのボトルを1本持ってきてください。
    (traer, botella, vino tinto)

  3)（1人の友達に）私に本当のことを言って。
    (decir la verdad)

  4)（複数の人に丁寧に）フロントまで来てください。
    (venir, recepción)

  5)（フロント係に丁寧に）どうぞタクシーを呼んでください。
    (llamar a un taxi, por favor)

  6)（フロント係に丁寧に）どうぞこのスーツケースを預かっておいてください。
    (guardar, maleta)

  7)（1人の友達に）君の旅行のことを何か私に話して。　(contar o-ue 型)
    (contar, algo, viaje)

  8)（複数の人に丁寧に）もう一度繰り返してください。　（repetir e-i 型）
    (repetir, otra vez)

3. Traduce al español. 肯定命令の形を用いて言ってみましょう。

  1)（複数の客に丁寧に）ここにお掛けください。どうぞお楽に。
    (sentarse, ponerse cómodo)

  2)（複数の友達に）静かにしなさい。
    (callarse)

  3)（1人の客に丁寧に）窓口にお出でください。
    (dirigirse a , ventanilla)

  4) 乗客の皆さま、どうぞ搭乗してください。
    (señores pasajeros , embarcar)

  5)（1人の友達に）急いで。バスが来ちゃう。
    (darse prisa, venir, autobús)

4. Completa las frases con el imperativo y tradúcelas al japonés.

肯定命令の適切な形を入れて和訳しましょう。

1) （電話口で）(Perdonar, *usted*   ), me he equivocado de número.

2) (Esperar, *vosotros*   ), que ya acabo*.　・「もう終わるから」

3) (Escribir, *tú*   ) tu nombre aquí.

4) (Dar, *usted*   ) gracias a sus padres de mi parte.

5. Completa las frases y tradúcelas al japonés. 本文を参考に適切な語句を入れて和訳しましょう。

1) (Tomar 肯定命令, *vosotros*   ) más verdura.

2) (Oír 肯定命令, *tú*   ), ¿a qué hora empezaba el concierto?

3) (Traer 肯定命令, *usted* + me   ) una copa de sangría.

4) Lo siento, pero la sangría (terminarse 直説法現在完了 + nos   ) hoy.

5) (Quedarse 肯定命令, *tú*   ) con el [お釣り   ].

6) (Comer 直説法現在完了, *yo*   ) muy bien.

7) (Pedir 肯定命令, *tú*   ) un helado de fresa para mí.

8) (Pedir 肯定命令, *nosotros*   ) una [1 人前   ] de gambas
al ajillo y una de patatas fritas.

9) La [お勘定   ], por favor.

10) ¿Les (apetecer 現在   ) tomar vino?

mejillones

▶ [Diálogo6-2]

ソニア、ユミと彼女の母のバルセロナ旅行。ホテルでチェックインする。

(En la recepción de un hotel)

① Recepcionista : Buenas tardes.

② Yumi : Buenas tardes. Tengo una reserva de dos habitaciones para tres noches.

③ Recepcionista : ¿A nombre de quién?

④ Yumi : De Yumi Tanaka.

⑤ Recepcionista : Un momentito, que miramos la lista. ... ¿Srta. Yumi Tanaka?

⑥ Yumi : Sí.

⑦ Recepcionista : **Escriba** sus datos aquí, por favor.

⑧ Yumi : De acuerdo.

(Yumi entrega el papel al recepcionista.)

⑨ Recepcionista : Muy bien. Aquí tiene las llaves de sus habitaciones.

⑩ La 321 es doble y la 322 es sencilla.

⑪ Sonia : Una pregunta, ¿estaba incluido el desayuno?

⑫ Recepcionista : Sí, **vengan** al comedor que está en el primer piso entre las ocho y las diez de la mañana, por favor.

⑬ Si le enseñan al camarero las llaves de sus habitaciones, las acompañará a su mesa.

⑭ Sonia : Gracias. Y otra cosa. ¿Hay algún buen restaurante cerca de aquí?

⑮ Recepcionista : Sí, hay uno en la esquina de esta calle y otro en la calle de atrás.

⑯ El de la esquina, su especialidad es la paella.

⑰ El otro, en realidad, es un bar, pero muy tranquilo. Se come muy bien y a buen precio.

⑱ Sonia : Muchas gracias.

════════ **Notas y vocabulario** ════════

un momentito 「少々お待ちください」momentito = momento + -ito（縮小辞）

la 321 la (habitación) trescientos veintiuno（数詞部分は性数一致なし）

¿estaba incluido el desayuno? 「朝食はついていましたか？」「朝食は含まれていましたか？」（線過去の婉曲用法）

se come (muy) bien 「（とても）おいしく食事が出来る」

a buen precio 「手頃な値段で」

dato （主に複数形で）データ、連絡先
doble 2倍の、ダブル（ルーム）の
sencillo 単純な、シングル（ルーム）の

primer piso 1階（日本の2階に相当）
acompañar （＋直接目的語）同伴する、伴う
de atrás 後ろの、裏の

41

Lección 7

No les vendría mal ir en taxi.

▶ **[Diálogo7-1]**

旅行ガイドを見ながらミロ美術館を目指す。

(En una calle de Barcelona)

① Yumi : A ver... Según la guía, que bajemos del metro en la estación de la Plaza de España, salgamos a la calle y encontraremos la parada de auto-buses...

② Sonia : Oiga, perdone, ¿dónde está la parada de autobuses?

③ Transeúnte : Está delante de aquel edificio. Cruce por ahí, y a la derecha.

④ Hace poco que esta zona está en obras y la han trasladado. ¿Adónde van?

⑤ Yumi : **Querríamos** ir a la Fundación Miró.

⑥ Transeúnte : Entonces tomen el 50 o el 55.

⑦ Pero si ustedes son tres, no les **vendría** mal ir en taxi, que no les costará muy caro.

⑧ Sonia : Ah, tiene usted razón. Y ¿dónde está la parada de taxis?

⑨ Transeúnte : Allí. ¿No la ve más allá del quiosco?

⑩ Sonia : Sí, muchas gracias.

⑪ Yumi : Mamá, vamos a ir en taxi.

⑫ Sra.Tanaka : Vale, pero **no vayas** tan deprisa, que no puedo andar rápido.

====== **Notas** ======

a ver 「どれどれ」「ええと」

que bajemos ... la guía dice（que＋接続法）「ガイドブックは〜と言う」の主動詞省略。

hace poco que（＋現在形）「少し前から〜している」

no les vendría mal（＋不定詞）「〜するのも悪くないでしょう」「〜するのも好都合でしょう」

「タクシーで行くのも悪くないでしょう」

（バルセロナの通りで）

① ユミ： ええと、ガイドブックによると、「スペイン広場」で地下鉄を降りて、
　　　　　通りに出てください、そうするとバス乗り場が見つかりますって…

② ソニア： すみません、バス乗り場はどちらでしょうか？

③ 通行人： あのビルの前にあります。そこを渡って、右手です。

④ 　　　　 少し前から工事中で、移動してるんですよ。どちらにいらっしゃるんですか？

⑤ ユミ： ミロ美術館に行きたいんですが。

⑥ 通行人： それなら、50番か55番のバスですね。

⑦ 　　　　 でも、3人でいらっしゃるのなら、タクシーで行かれるのもよろしいですよ、
　　　　　そんなに高くつきませんから。

⑧ ソニア： ああ、それもそうですね。タクシー乗り場はどちらですか？

⑨ 通行人： あちらです。売店の向こうに見えませんか？

⑩ ソニア： はい。有難うございます。

⑪ ユミ： お母さん、タクシーで行きましょうよ。

⑫ タナカ夫人： いいわよ。でもそんなに急がないでちょうだい。速く歩けないから。

Vocabulario

según 〜によれば

guía 女ガイドブック、男女案内人

bajar (de) （〜から）降りる

parada 停留所、乗り場

transeúnte 通行人

cruzar 横断する

trasladar 移動させる、移す

razón 道理、理性、理由

tener razón もっともである、〜の言う通りだ

más allá de 〜の（さらに）向こうに

deprisa (= de prisa) 急いで

rápido 速い、速く

[Gramática7]

1 否定命令

全ての人称に対して **no** ＋**接続法現在**を用いる。

hablar

	no hablemos
no hables	no habléis
no hable	no hablen

traer

	no traigamos
no traigas	no traigáis
no traiga	no traigan

levantarse

	no **nos** levantemos
no **te** levantes	no **os** levantéis
no **se** levante	no **se** levanten

nosotros に対する否定命令は「（我々は）～しないことにしよう」

¡*No bebas* mucho!	飲み過ぎないで！
No entren, por favor.	入らないでください。
No se siente.	座らないでください。

2 代名詞を伴う否定命令

目的語代名詞（再帰代名詞含む）は通常の語順。「**se- に - を - 活用動詞**」

No mires el cuaderno.	ノートを見ないで。	→ *No lo mires.*
No mire la pantalla.	画面を見ないでください。	→ *No la mire.*
No le digas la verdad.	彼に本当のことを言わないで。	→ *No se la digas.*
No se quite los zapatos.	靴を脱がないでください。	→ *No se los quite.*

3 直説法過去未来 (2)

1) 過去から見た未来（時制の一致）

　　Le dije a Ana que *volvería* a llamarla.　　　私はアナにまた電話するだろうと言った。

2) 過去の推量

　　José *tendría* unos treinta años cuando se casó.　　ホセは結婚したとき30歳位だっただろう。

3) 丁寧・婉曲（⇒ 3 課）

　　¿*Podría* bajar el volumen del televisor?　　　テレビの音を小さくしていただけますか？

4) 条件の帰結（仮定的意味）

　　Yo, en tu lugar, *abandonaría* el plan.　　　僕が君の立場なら、その計画は諦めるだろうね。

[Ejercicios7]

1. Traduce al español. 指示された相手に対して否定命令を用いて言いましょう。

1) [tú] 私にそれを尋ねないで。 (preguntar, lo)

2) [vosotros] 私に本当のことを言わないで。 (decir, la verdad)

3) [ustedes] 公園内でサッカーをしてはいけません。 (jugar al fútbol, parque)

4) [usted] 心配しないでください。 (preocuparse)

5) [nosotros] そのことを忘れてしまわないようにしよう。 (olvidarse de, eso)

2. Traduce al español. 肯定命令または否定命令を用いてスペイン語にしましょう。

1) （複数の友達に）そんなに大声で話さないで。ちょっと聞いてよ。
   (hablar tan alto, escuchar un momento)

2) （複数の観光客に丁寧に）芝生を踏まないでください。
   (pisar el césped)

3) （1人の客に丁寧に）この衣類は家で洗わないでください。
   (lavar, ropa)

4) （招待客たちに丁寧に料理を勧めて）どうぞ取ってください。
   (servirse, por favor)

5) （1人の友達に）駅に着いたら私に電話をするのを忘れないで。
   (cuando, llegar, olvidarse de, llamar)

3. Completa las frases con el condicional simple y tradúcelas al japonés.

過去未来形を入れて全文を和訳しましょう。

1) José y Carmen me dijeron que (ir   ) de viaje a Perú a la semana
   siguiente de la boda.

2) (Ser   ) las dos de la mañana cuando mi marido volvió a casa.

3) ¿(Poder, *tú*   ) echarme una mano un momento?

4) Yo, en su lugar, (reservar   ) un billete cuanto antes.
   *cuanto antes「できるだけ早く」

Tikal, Guatemala

45

4. Traduce al español. 1) ～ 6) を a) ～ c) の過去未来形の適当な表現に続けて言ってみましょう。

      a) （あなた（敬称）は）～していただけますか？(poder)

      b) （私は）～したいのですが。(gustar)

      c) （君（親しい）は）～すべきじゃないのかなあ。(deber)

  1) 明後日の予約をキャンセルする。
     (anular, reserva, de, pasado mañana)

  2) 4名でテーブルを1つ予約する。
     (reservar, mesa, para, persona)

  3) 部屋を取り替える。
     (cambiar de habitación)

  4) 千円札1枚をユーロに両替する。
     (cambiar, billete de mil yenes, a euros)

  5) セビリア Sevilla までの往復切符を2枚買う。
     (sacar, billete de ida y vuelta, para)

  6) プレゼント用にこれを包む。
     (envolver, esto, para regalo)

5. Completa las frases y tradúcelas al japonés. 本文を参考に適切な語句を入れて和訳しましょう。

  1) (Querer 過去未来, *yo*   ) ir al Palacio Real.

  2) No nos (venir 過去未来3単   ) mal ir en taxi, que no nos costará muy

     [高く   ].

  3) (Ir 否定命令, *vosotros*   ) tan [急いで   ], que no puedo

     andar [速く   ].

  4) (Cruzar 否定命令, *tú*   ) la calle por aquí.

  5) (Oír 肯定命令, *usted*   ), perdone, ¿dónde está la catedral?

  6) (Tomar 肯定命令, *usted*   ) el autobús 67 o el 70.

  7) (Bajar 肯定命令, *tú*   ) del metro en la estación de la Plaza de España,

     (salir 肯定命令, *tú*   ) a la calle y (encontrar 未来, *tú*   )

     la [停留所   ] de autobuses.

  8) Hace poco que esta plaza está en obras y (trasladar 直説法現在完了3複

) la estatua.

  9) Se ve la torre de Tokio [～の向こうに   ] los edificios.

 10) [～によると   ] la televisión, mañana nevará en el norte del país.

[Diálogo7-2]

ホセとカルメンが新婚旅行の予約をする。カルメンは遺跡マニア。

(En una agencia de viajes)

① José : Hola, buenos días. Pensábamos ir a Latinoamérica de viaje de novios el mes que viene.

② Carmen : Nos **gustaría** ver las pirámides mayas.

③ Empleada : Lo siento mucho, pero el viaje para el mes próximo a México y Guate-mala ya está completo.

④ Si son recién casados, les **recomendaría** a ustedes algún hotel turístico que esté en Cancún...

⑤ Carmen : Bueno ya lo sé... pero **preferiría** ver algunas ruinas... ¿Tienen algún viaje a Perú?

⑥ Empleada : Tenemos dos viajes que visitan Machu Picchu.

⑦ En los dos todavía quedan plazas.

⑧ José : **¿Podría** decirnos cuánto cuestan?

⑨ Empleada : El viaje de la compañía A es de diez días y cuesta 2 500 euros, y el de la compañía B, de quince días, 3 700 euros.

⑩ Este es más caro porque visita las Líneas de Nazca y también Bolivia.

⑪ Además, se alojan en un hotel más lujoso.

⑫ José : ¿A ti qué te parece?

⑬ Carmen : Como es una ocasión especial, **sería** mejor el viaje de la compañía B.

⑭ José : Bueno, a decir verdad, a mí no me parece mal que vayamos a Cancún a relajarnos...

⑮ Empleada : **Podría** ponerles en la lista de espera del viaje a las ruinas mayas.

⑯ Carmen : ¿De verdad? Entonces, de momento, ¿nos pone en su lista de espera, y nos hace la reserva del viaje a Perú?

═══════════ **Notas y vocabulario** ═══════════

Cancún カンクン（メキシコの高級リゾート地）

Machu Picchu マチュピチュ（インカ帝国の都）

las Líneas de Nazca ナスカの地上絵

a mí no me parece mal que（＋接続法）「～するのも悪くないと私には思える」（直訳「～が悪いとは思えない」）

las ruinas mayas マヤ文明の遺跡（メキシコ・グアテマラの古代文明。ピラミッドで有名）

viaje de novios 新婚旅行（＝luna de miel）	**plaza** 収容定員、枠、広場
completo 満員の、全てそろった	**alojarse (en)** （～に）宿泊する
recién（＋過去分詞）～したばかりの	**lista de espera** （キャンセル）待ちリスト
recién casados 新婚夫婦	**hacer la reserva (de)** （～の）予約をとる

Lección 8

Sería mejor que preguntaran en la recepción del hotel.

▶️ **[Diálogo8-1]**

タクシー運転手との会話で、3人のバルセロナ観光の目的が明かされる。

(En un taxi)

①	Yumi :	Hola, buenos días.
②	Taxista :	Hola, buenos días. ¿Adónde vamos?
③	Yumi :	A la Fundación Miró, por favor.
④	Taxista :	Ustedes son japonesas, ¿verdad? ¿Es la primera vez que están aquí en Barcelona?
⑤	Yumi :	Sí, somos japonesas. Yo vivo en Madrid y es la segunda vez que vengo aquí, pero para mi madre es el primer viaje al extranjero.
⑥	Sra.Tanaka :	Esta vez mi hija me dijo que me invitaba, por eso vengo desde **tan** lejos **como** Tokio.
⑦		Pero el viaje tan largo en avión es **cansadísimo**.
⑧	Sonia :	Yo también vengo aquí por primera vez. Aunque soy española, me va a guiar mi amiga japonesa.
⑨	Yumi :	Su novio estudia arquitectura y le dijo que no **perdiera** la oportunidad de ver las obras de Gaudí.
⑩	Taxista :	Desde luego. Si les interesan las bellas artes modernas, Barcelona es un lugar ideal.
⑪		Les recomiendo también que vayan al Museo Picasso.
⑫	Yumi :	En realidad, **quisiéramos** ir al Teatro Museo Dalí, pero no creo que tengamos tiempo para ir hasta Figueras.
⑬	Taxista :	Entonces, es conveniente que se apunten a algún viaje de grupo en autobús.
⑭		Sería **mejor** que **preguntaran** en la recepción del hotel.

═══ **Notas** ═══

desde tan lejos como Tokio 「東京のような遠くから」

le dijo que no perdiera la oportunidad de（＋不定詞）（直訳「〜する機会を逃さないようにと彼女に言った」）

el Museo Picasso ピカソ美術館（Pablo Ruiz y Picasso 1881-1973 スペインの画家）

el Teatro Museo Dalí ダリ美術館（Salvador Dalí 1904-1989 スペインの画家）

Figueras フィゲラス（ダリの出身地で美術館がある）

quisiéramos（＋不定詞）「〜したいのですが」［1 複］

sería mejor que preguntaran en la recepción del hotel.（直訳「ホテルのフロントで質問してみる方がよいでしょう。」）

「ホテルのフロントで聞いてみられるといいでしょう」

（タクシーの中で）

① ユミ：　こんにちは、すみません。

② 運転手：　こんにちは。どちらまで？

③ ユミ：　ミロ美術館までお願いします。

④ 運転手：　お客さん方、日本の方ですね？バルセロナは初めてですか？

⑤ ユミ：　ええ、私たちは日本人です。私はマドリッド在住で、バルセロナは２度目ですが、母にとっては初めての海外旅行なんです。

⑥ タナカ夫人：　今回は娘が招待すると言ってくれたので、東京からはるばるやって来たんですよ。

⑦ 　でも飛行機の長旅はまったくくたびれるものですね。

⑧ ソニア：　私もこちらは初めてよ。スペイン人だけど日本の友達に案内してもらうんです。

⑨ ユミ：　彼氏が建築を勉強してて、ガウディの作品を見る機会を逃す手はないだろうって言われたのよね。

⑩ 運転手：　もちろんですとも。近代美術に興味があるならバルセロナは何よりの場所ですね。

⑪ 　ピカソ美術館もお勧めですよ。

⑫ ユミ：　本当はダリ美術館にも行きたいんですが、フィゲラスまで足を延ばす時間があるとは思えません。

⑬ 運転手：　それならバスツアーに参加されるのが便利ですよ。

⑭ 　ホテルのフロントで聞いてみられるといいでしょう。

Vocabulario

taxista　タクシー運転手

extranjero　外国、外国人

invitar　誘う、招待する

por eso　（前の文脈を受けて）それで、それゆえ

largo　長い

avión　飛行機

cansadísimo　とても疲れる
　cansado + -ísimo　（絶対最上級）

guiar　案内する

oportunidad　機会、好機

desde luego　もちろん

arte　芸術、美術、技術

bellas artes　美術

moderno　近代の、近代的な

lugar　場所

ideal　理想的な

conveniente　便利な、都合がよい

apuntarse (a)　（～に）申し込む、参加する

preguntar　質問する、尋ねる

[Gramática8]

1 接続法過去

1）活用：ra 形と se 形がある。

接続法過去 ra 形は、点過去 3 人称複数形語尾の **-ron** を **-ra** に置き換えることで 1 人称単数形が得られる。この作り方に例外はない。以下、主語に応じて語尾が変化する。

接続法過去 ra 形語尾：-ra, -ras, -ra, -(´)ramos, -rais, -ran［全動詞共通］

*[1 複] は語幹末母音にアクセント符号 habláramos, tuviéramos

*規則動詞は **-ar** 動詞 → **-ara**, **-er / -ir** 動詞 → **-iera** となる。

hablar（直説法点過去 3 複 habla**ron**）　　　**tener**（直説法点過去 3 複 tuvie**ron**）

habla**ra**	hablá**ramos**	tuvi**era**	tuvié**ramos**
habla**ras**	habla**rais**	tuvi**eras**	tuvi**erais**
habla**ra**	habla**ran**	tuvi**era**	tuvi**eran**

［参考］**接続法過去 se 形語尾：-se, -ses, -se, -(´)semos, -seis, -sen**

***se** 形は主に文章語で使用される。

2）用法

接続法を用いる文脈で主節が過去系列の時制（点過去・線過去・過去未来）のとき時制の一致により用いられる。基準時において未完了の出来事を表す。

Te recomendé que *fueras* al Museo Picasso.　私は君にピカソ美術館に行くように勧めた。

El profesor me dijo que *estudiara* más.　先生は僕にもっと勉強するように言った。

丁寧表現として用いられる動詞もある。（この用法は ra 形のみ）

Quisiera un asiento de primera fila, si es posible.　できれば 1 列目の席がいいのですが。

（≒ *Querría* / *Me gustaría*）

願望文では、発話時を基準とした未完了の出来事について実現可能性の低さを表す。

¡Ojalá me *tocara* la lotería!　宝くじが当たったらいいんだけどなあ！［可能性低］

cf. ¡Ojalá me *toque* la lotería!　宝くじが当たるといいな！［可能性高］

2 比較構文

1）比較級と最上級

優等比較 **más** + 形容詞/副詞 + **que**　Ana es *más* alta *que* yo. アナは私より背が高い。

劣等比較 **menos** + 形容詞/副詞 + **que**　Ana es *menos* alta *que* yo. アナは私ほど背が高くない。

同等比較 **tan** + 形容詞/副詞 + **como**　Ana es *tan* alta *como* yo. アナは私と同じくらい背が高い。

形容詞の最上級 **定冠詞** + （名詞）+ **比較級** + **de**　Ana es *la* (chica) *más* alta *de* esta clase.

アナはこのクラスで一番背が高い（少女）です。

不規則形

（優等比較）**bueno / bien → mejor, malo / mal → peor, mucho → más, poco → menos**

　［年齢および価値的大小のみ］**grande → mayor, pequeño → menor**

（同等比較）**mucho → tanto**

50

２）副詞の最上級相当表現

Carlos corre **más** rápido **que nadie**.	カルロスは誰よりも速く走る。
Me gusta el chocolate **más que nada**.	私は何よりもチョコレートが好きだ。
Me he levantado **más** temprano **que nunca**.	私はかつてないほど早く起きた。
Carmen es **la que mejor** canta de mis amigos.	カルメンは私の友人の中で一番歌が上手い。

３）その他の比較表現

El señor Díaz gana **más de** 9 000 euros al mes.	ディアス氏は月に 9000 ユーロ以上稼ぐ。
En este ascensor **no** caben **más de** seis personas.	このエレベーターは 6 人しか入らない。
Esa película es **más** divertida **de lo que** creía.	その映画は思っていたよりおもしろい。

４）絶対最上級

形容詞（語末母音字は削除）+ **ísimo**（「とても〜」の意味を付加）

caro → carísimo　　　rico → riquísimo　　　fácil → facilísimo

[Ejercicios8]

1. Completa las frases con el pretérito imperfecto de subjuntivo y tradúcelas al japonés.
接続法過去形を入れて和訳しましょう。

1) Les dije a ustedes que me (escuchar 　　　　　　　　　) bien.

2) El profesor quería que nosotros (leer 　　　　　　　　　) más libros.

3) Era necesario que tú (llegar 　　　　　　) a tiempo.

4) Me alegré de que vosotros (poder 　　　　　　　　) venir a mi boda.

5) No creía que Juan (ser 　　　　　　) argentino.

2. Completa las frases con el pretérito imperfecto de subjuntivo. 接続法過去形を入れましょう。

1) 知っておいていただきたいことがあるのですが。

　　Me gustaría que usted (saber 　　　　　　　　) una cosa...

2) 結論を出す前によくお考えになった方がよろしいのではないでしょうか。

　　Sería mejor que ustedes lo (pensar 　　　　　　　) bien antes de sacar una
　　conclusión.

3) 君が構わなければ、そうしないでくれた方がうれしいんだけど。

　　Preferiría que no lo (hacer, *tú* 　　　　　　　　), si no te importa.

4) 君がここにいてくれたらなあ。

　　¡Ojalá (estar, *tú* 　　　　　　　) aquí!

5) できれば明後日の第 1 便で成田を出発したいのですが。

　　(Querer, *yo* 　　　　　　　) salir de Narita en el primer vuelo de pasado mañana,
　　si es posible.

3. Traduce al español. 接続法過去形を用いてスペイン語にしましょう。

1) スペインではお芝居に行くようにとマルタ Marta は私たちに勧めた。（主節は点過去）
　　(recomendar, ir al teatro)

2) 彼らは私にそのコンサートのチケットを取るように頼んだ。（主節は点過去）
   (pedir, sacar, entrada, para, concierto)

3) 伯父が夕食に誘ってくれることを私は期待していました。（主節は線過去）
   (esperar, tío, invitar a cenar)

4) イネス Inés は息子たちが家に来るのを喜んでいた。（主節は線過去）
   (alegrarse de, hijo, venir a casa)

5) 私たちは君がプレゼントを気に入ってくれるという確信がなかった。（主節は線過去）
   (no estar seguro de, gustar, regalo)

4. Completa las frases. 日本語の意味に合うよう適切な語句を入れましょう。
   1) Este río es (…より長い (largo)   ) ese.
   2) Esta película es (…より楽しい (divertido)   ) esa.
   3) Aquellas novelas son (…より退屈だ (aburrido)   ) esta.
   4) Este examen es (…より簡単だ (fácil)   ) ese.
   5) Este ordenador es (…より良い (bueno)   ) aquel.
   6) Aquel río es (…ほど長くない (largo)   ) ese.
   7) Esos trabajos son (…ほど難しくない (difícil)   ) este.
   8) Esta carta es (…と同じくらい短い (corto)   ) aquella.
   9) Este examen es (…の中で一番難しい (difícil)   ) estos.
   10) Esta habitación es (…の中で一番良い (bueno)   ) estas.

5. Completa las frases y tradúcelas al japonés. 本文を参考に適切な語句を入れて和訳しましょう。
   1) Mi novio me dijo que en Toledo no (perder 接続法過去, *yo*   ) la [機会
      ] de ver las obras de El Greco.

   2) En realidad, (querer 接続法過去, *yo*   ) ir a Mallorca para ver el museo
      de Miró.

   3) Sería mejor que (preguntar 接続法過去, *usted*   ) en la [フロント
      ] del hotel.

   4) No creo que (tener 接続法現在, *tú*   ) tiempo [～するための   ]
      ir a Mallorca.

   5) Entonces, es conveniente que (apuntarse 接続法現在, *vosotros*   ) a algún
      viaje de [団体   ] en autobús.

   6) Te recomiendo también que (ir 接続法現在 , *tú*   ) al Museo Picasso.

   7) Si te (interesar 直説法現在   ) la historia española, Córdoba es un lugar
      ideal.

   8) Es la primera vez que Sonia (venir 直説法現在   ) a Tokio. La (ir 直説法
      現在   ) a guiar sus amigas japonesas.

   9) Me gusta el [芸術   ] mexicano, porque tiene mucha energía.

   10) Me alegro de que vengas a Tokio desde tan [遠く   ] [～のような
       ] Argentina.

CD 17 DL 17 ▶ [Diálogo8-2]

タクシー運転手とユミの母とで会話が盛り上がる。

(Siguen charlando en el taxi.)

① Sra.Tanaka : Me gusta visitar museos, pero lo que quería realmente era ver un parti-do de fútbol en España.

② Taxista : Es una lástima que se haya acabado la temporada de fútbol.

③ Yumi : Mi madre insistió en que **fuéramos** al estadio durante este viaje.

④ Sra.Tanaka : Por lo menos tengo que ir al estadio aunque no haya partidos.

⑤ Taxista : ¡Vaya! ¿Es usted aficionada al fútbol?

⑥ Yumi : Mi madre es seguidora del Barça. En Japón graba vídeos y se pasa todo el día viéndolos.

⑦ Taxista : Así no me extraña que sepa usted tanto español.

⑧ Sra.Tanaka : Cuando era joven, no había otra cosa que me **entusiasmara tanto como** el flamenco.

⑨ Taxista : ¿Lo bailaba?

⑩ Sra.Tanaka : Aún ahora continúo yendo a clase de flamenco.

⑪ Pero no me parece que desde entonces haya mejorado mucho.

⑫ Taxista : No puede ser. Seguro que ha progresado bastante.

⑬ Sra.Tanaka : Bueno, sé que lo importante es continuar practicando.

⑭ Taxista : Tiene usted razón.

⑮ Sonia : ¡Anda! No sabía que usted **bailara** flamenco. Yumi nunca me lo había dicho.

Notas y vocabulario

lo que quería realmente era/es（＋不定詞）「私が本当にしたかったのは〜でした / です」

no me extraña que（＋接続法）「〜のも不思議はない」

no había otra cosa que me entusiasmara tanto como el flamenco.「フラメンコほど夢中になるものは他にありませんでした」（直訳「フラメンコと同じくらい私を夢中にさせるような他のことはなかった」）

no puede ser「そんなはずはない」

seguir（＋現在分詞）〜し続ける

insistir en que（＋接続法）〜しようと言い張る

por lo menos 少なくとも、せめて (=al menos)

¡vaya!「おや」「まあ」（驚き）

aficionado (a)（〜の）ファン、愛好家

seguidor (de)（〜の）サポーター

Barça バルサ（サッカーチームの名）

extrañar que（＋接続法）（物事が）不思議がらせる

entusiasmar 夢中にさせる、熱中させる

tanto como 〜 〜と同じくらい多く（同等比較）

aún まだ、なお

continuar（＋現在分詞）〜し続ける

yendo ir 現在分詞

seguro que（＋直説法）きっと・確かに〜だ

lo importante 大事なこと（lo＋形容詞 〜なこと）

¡anda!「あら」「まあ」「さあ」（驚き、促し）

53

Lección 9

Si fuera de aquí, yo también compraría el pase anual.

[Diálogo9-1]

ミロ美術館でミロの作品に感激した3人。

(Después de ver la exposición)

① Yumi : Ha sido una maravilla. Aunque yo **había visto** algunos cuadros suyos en Japón, nunca los **había podido** entender bien.

② Pero ahora que los he visto aquí, me han gustado muchísimo.

③ A los cuadros de Miró les sienta muy bien la luz mediterránea.

④ Sonia : Miró nació en Barcelona en 1893. Después de trabajar en París, volvió a Cataluña y murió en Palma de Mallorca en 1983 a los 90 años.

⑤ Sra.Tanaka : Hablando del mar Mediterráneo, podemos subir a la azotea, ¿no? ¡Vamos!

(En la azotea)

⑥ Sonia : Mira esta escultura, ¡qué graciosa!

⑦ Sra.Tanaka : Y ¡allá se ve el mar Mediterráneo! ¡Es hermoso!

⑧ Sonia : Parece que aquí está permitido sacar fotos.

⑨ ¿Por qué no pedimos que nos saquen alguna?

⑩ Yumi : (A un chico) Oiga, perdone, ¿podría sacarnos una foto?

⑪ Visitante : Por supuesto. Bueno entonces, acérquense más a la escultura. ¡Sonrían! Ya está.

⑫ Sra.Tanaka : Muchas gracias. ¿Es usted barcelonés?

⑬ Visitante: Sí, soy de aquí. Me gusta mucho Miró, por eso me compré el pase anual y vengo aquí a menudo.

⑭ ¿Les gustó Miró?

⑮ Yumi : Sí, mucho. Sin duda lo mejor es ver las obras de los artistas españoles en su propio país.

⑯ Si **fuera** de aquí, yo también **compraría** el pase anual.

⑰ Visitante: Me alegro de oírlo. Que sigan teniendo un buen viaje.

⑱ Sra.Tanaka : Muchas gracias.

═══════════ **Notas** ═══════════

nunca los había podido entender bien. （直訳「決してそれらを十分に理解することはできなかった」）

Palma de Mallorca　パルマ・デ・マヨルカ（マヨルカ島の都市）

ya está.　「（準備が）できました。」「でき上がり。」

sin duda lo mejor es ver las obras de los artistas españoles en su propio país. （直訳「間違いなく、最も良いことは、スペインの芸術家の作品を彼ら自身の国で見ることです。」）

「地元だったら、私も年間パスポートを買うところですが」

（展覧会の後で）

① ユミ： 本当によかったわ。彼の絵は日本でいくつか見たことがあったんだけど、いつもよく
わからなかったの。

② でも今ここで見たらとても気に入ったわ。

③ ミロの絵には地中海の日差しがよく合うわね。

④ ソニア： ミロは1893年にバルセロナで生まれて、パリで活動したあと、カタルーニャに戻り、
パルマ・デ・マヨルカで1983年に90歳で亡くなったの。

⑤ タナカ夫人： 地中海といえば、屋上に上れるんじゃない？行きましょうよ。

（屋上で）

⑥ ソニア： 見て、この彫刻、すごく面白い。

⑦ タナカ夫人： そして、向こうには地中海が臨めるのね。きれいだわ。

⑧ ソニア： ここは写真を撮影して構わないみたいよ。

⑨ 頼んで撮ってもらいましょうか。

⑩ ユミ： （若者に）ちょっとすみませんが、写真を撮っていただけませんか？

⑪ 訪問客： いいですよ。じゃあ、その彫刻にもっと近づいてください。笑って。はい、できました。

⑫ タナカ夫人： 有難うございます。バルセロナの方ですか？

⑬ 訪問客： はい、地元です。僕はミロが大好きで、ここの年間パスポートを買って、しょっちゅ
う見にきているんです。

⑭ ミロはお気に召しました？

⑮ ユミ： ええ、すごく。やはりスペインの画家はその土地で見るのが一番ですね。

⑯ 地元だったら、私も年間パスポートを買うところですが。

⑰ 訪問客： それを聞いて嬉しく思います。よい旅をつづけてくださいね。

⑱ タナカ夫人： 有難うございます。

Vocabulario

maravilla 驚異、驚嘆すべきもの

ahora que （＋直説法）～する今になって

sentar (a) （～に）合う

luz 光

mediterráneo 地中海の

mar Mediterráneo 地中海

nacer 生まれる

hablando de ～ ～と言えば

azotea 屋上

escultura 彫刻

gracioso 面白い、おどけた

hermoso 美しい、きれいな

visitante 訪問者、来客

acercarse (a) （～に）近づく

sonreír 微笑む

pase anual 通年のチケット、年間パスポート

a menudo しばしば、しょっちゅう

propio 自身の、固有の

55

[Gramática9]

1 直説法過去完了

1）活用：haber 直説法線過去＋過去分詞　⇒ **suplemento6**

2）用法：過去のある時点までの完了

> Antes de ir a Colombia, yo *había leído* unas novelas de García Márquez.
>> コロンビアへ行く前に私は既にガルシア・マルケスの小説を何冊か読んだことがありました。

> Cuando empezó la guerra civil, no *habías nacido* todavía.
>> 内戦が始まったとき、君はまだ生まれていなかった。

2 直説法過去未来完了

1）活用：haber 直説法過去未来＋過去分詞　⇒ **suplemento6**

2）用法：過去から見た未来完了、過去完了の推量、条件文の帰結節

> Me dijeron que *habrían visto* esa película para hoy.
>> 彼らは私にその映画を今日までには見てしまっているだろうと言った。

> Pensábamos que *habrías estado* en España antes.
>> 僕たちは君が以前スペインに行ったことがあるのだろうと思ってたよ。

3 接続法過去完了

1）活用：haber 接続法過去＋過去分詞　⇒ **suplemento6**

2）用法：接続法をとる文脈で、基準時（主節）が過去のとき基準時までに完了したことを表す。

> Me alegré de que *hubieras venido*.　　君が来てくれて私は嬉しかった。［完了・前時］

> *cf.* Me alegré de que *vinieras*.　　君が来てくれるのが私は嬉しかった。［未完了・同時］

願望文では、発話時以前に完了した出来事について実現可能性のないことを表す。

> ¡Ojalá me *hubiera tocado* la lotería!　宝くじが当たっていたらよかったのになあ！［可能性なし］

> *cf.* ¡Ojalá me *haya tocado* la lotería!　宝くじが当たっているといいな！［可能性あり（結果を知る前）］

4 条件文

1）実現可能な仮定　| Si 直説法現在, 直説法現在/未来「もし〜ならば…する（だろう）。」|

> Si *tengo* tiempo, *voy* / *iré* al cine.　　　　　時間があれば映画に行きます / 行こう。

2）現在の事実に反する仮定　| Si 接続法過去, 過去未来「もし〜ならば…するだろうに。」|

> Si tú me *ayudaras*, *terminaría* pronto.　　君が手伝ってくれればすぐに終わるのに。

3）過去の事実に反する仮定　| Si 接続法過去完了, 過去未来完了「もし〜していたら…しただろうに。」|

> Si me *hubieras ayudado*, *habría terminado* pronto.
>> 君が手伝ってくれていたら、すぐに終わっただろうに。

| **como si**（接続法過去/ 接続法過去完了）「まるで〜のように」|

> Hablas español como si *fueras* de España.
>> 君はまるでスペインの出身であるかのようにスペイン語を話す。［未完了・同時］

> Hablas español como si *hubieras crecido* en España.
>> 君はまるでスペインで育ったかのようにスペイン語を話す。［完了・前時］

[Ejercicios9]

1. Completa las frases con el pretérito pluscuamperfecto de indicativo y tradúcelas al japonés.
   直説法過去完了を入れて和訳しましょう。

   1) Antes de entrar en la universidad, Ana y María (estudiar   ) japonés
      tres años.

   2) El avión ya (salir   ) cuando llegasteis al aeropuerto.

   3) Cuando naciste, ¿tu abuelo ya (morir   )?

2. Completa las frases con el condicional compuesto de indicativo y tradúcelas al japonés.
   直説法過去未来完了を入れて和訳しましょう。

   1) Yo creía que vosotros (volver   ) a casa antes de las ocho de la tarde.

   2) Sara no me dijo ni una palabra. ¿Le (hacer   ) yo algo malo?

3. Traduce al español. 現在の事実に反する仮定を述べてみましょう。

   1) 君はあと 10 分早く起きれば、1 時間目の授業に間に合うのに。
      Si tú (levantarse   ) diez minutos antes, (llegar   )
      a tiempo a la primera clase.

   2) ラウラはチョコレートを食べるのをやめれば、やせるのに。
      Si Laura (dejar   ) de comer chocolate, (adelgazar   ).

4. Traduce al español. 過去の事実に反する仮定を述べてみましょう。

   1) 君はあと 10 分早く起きたら、1 時間目の授業に間に合っただろうに。
      Si (levantarse   ) diez minutos antes, (llegar   ) a
      tiempo a la primera clase.

   2) 僕たちは仕事を終えてしまう必要がなかったら、劇場に行ったんだけどね。
      Si no (necesitar   ) terminar el trabajo, (ir   ) al
      teatro.

5. Traduce al español. 「まるで〜のように」の表現をスペイン語で言ってみましょう。

   1) カルメンはまるでお化けでも見ているかのように青くなった。
      Carmen se ha puesto pálida como si (estar 接続法過去   ) viendo un
      fantasma.

   2) それをまるで昨日のことだったように思い出します。
      Lo recuerdo como si (ser 接続法過去完了   ) ayer mismo.

6. Traduce al español. 本文の表現を参考にスペイン語にしましょう。

1) 窓越しに富士山が臨めます。
   (verse, el monte Fuji, a través de, ventana)

2) 脂っぽい料理は私（の身体）に合わない。
   (comida con mucha grasa, sentar bien a（＋人）)

3) 私がここの出身だったら、その美術館に毎日行くだろうに。
   (ser de aquí, museo, todos los días)

4)（丁寧に）お知り合いになれて嬉しく思います。
   (alegrarse, conocer)

5) 伯父は去年72歳で亡くなった。
   (tío, morir, el año pasado)

7. Completa las frases y tradúcelas al japonés. 活用形を入れて和訳しましょう。

1) No (ver 直説法過去完了, *nosotros*   ) ningún cuadro de Goya antes de
   visitar Madrid.

2) Si (ser 接続法過去, *tú*   ) de aquí, (comprar 過去未来, *tú*   )
   el pase anual del museo.

3) (Alegrarse 直説法現在, *yo*   ) de verte.

4) Que (seguir 接続法現在, *vosotros*   ) teniendo un buen viaje.

5) Mi abuelo (morir 点過去   ) en Osaka en 2017 a los 83 años.

6) Hablando del examen, ¿(poder 直説法現在, *tú*   ) dejarme tu cuaderno?

7) Parece que aquí (estar 直説法現在   ) permitido utilizar el teléfono móvil.

8) Cuando estás cansado, lo mejor (ser 直説法現在   ) dormir.

9) Oye, ¿(poder 過去未来, *tú*   ) sacarme una foto?

10) (Acercarse 肯定命令, *usted*   ) más al árbol. ¡(Sonreír 肯定命令, *usted*
)! Ya está.

▶ [Diálogo9-2]

CD 19
DL 19

帰国するユミを空港で見送る。

(En el aeropuerto)

①	Yumi :	Gracias por acompañarme.
②	Sonia :	¿Decías que tu hermano **se había casado**?
③	Yumi :	Sí, por eso va a llevar a su esposa *Mari* a casa de mis padres para pasar el fin de año y el Año Nuevo.
④	Javier :	No sabía que tu hermano **se hubiera casado**.
⑤		A propósito, ¿cómo es el Año Nuevo en Japón?
⑥	Yumi :	Se reúne toda la familia y comemos juntos *Osechi*, la comida japonesa tradicional para Año Nuevo.
⑦		Luego vamos al templo para rezar por un nuevo año próspero y feliz.
⑧	Sonia :	Los japoneses son muy religiosos, ¿no?
⑨	Yumi :	No. Es una tradición solamente.
⑩		No todos van al templo ni todos van el día de Año Nuevo.
⑪	Altavoces :	Señores pasajeros con destino a Tokio, diríjanse a la puerta de embarque 31.
⑫	Yumi :	Bueno, tengo que irme. ¡Feliz Navidad!
⑬	Sonia :	¡Buen viaje!
⑭	Javier :	Recuerdos a tus padres, a tu hermano y a su esposa.
⑮	Yumi :	Gracias. De tu parte. Bueno ¡hasta pronto!

Notas y vocabulario

para rezar por un nuevo año próspero y feliz 「新年の繁栄と幸福を祈って」（直訳「繁栄した幸せな新年を祈るために」）
¡Feliz Navidad! 「クリスマスおめでとう」「幸せなクリスマスを」
recuerdos a ～ 「～によろしく」
de tu parte 「伝えておくね」

fin de año 年末	**no todos ～** 皆が～なわけではない
Año Nuevo 新年（el día de ～　元旦）	**no ～ ni ～** ～も～もない（否定の並列）
rezar (por) （～を求めて）祈る	**altavoz** スピーカー
próspero 繁栄している	**puerta de embarque** 搭乗ゲート、搭乗口

59

Lección 10

Me lo compré porque me gustó este color.

[Diálogo10-1]

ユミがソニアの家での食事に招かれる。

(En casa de Sonia)

①	Yumi :	Hola, buenos días.
②	Sonia :	Hola. Yumi. Pasa, pasa.
③		¡Qué bonito tu sombrero azul marino! Te queda muy bien.
④	Yumi :	Gracias. **Me** lo **compré** porque me gustó este color.
⑤	Sonia :	¿Conocías a mi hermano Rafael?
⑥	Rafael :	¡Hola, Yumi! ¿Cómo estás?
⑦	Yumi :	Pero, ¡qué alto estás, Rafa!
⑧	Sonia :	Este es mi padre y esta es mi madre.
⑨	Yumi :	Encantada. **Me llamo** Yumi Tanaka.
⑩	Sra.Díaz :	Mucho gusto. Estás en tu casa. ¿Me das el abrigo?
⑪	Yumi :	Gracias. Esto es para ustedes. Son dulces japoneses.
⑫	Sra.Díaz :	Muchas gracias, pero no debías **haberte molestado**.
⑬	Sr.Díaz :	Mucho gusto, Yumi. ¿Te ha costado llegar hasta aquí?
⑭	Yumi :	Pues no, he tardado una hora y pico en tren desde el centro, pero no he tenido que cambiar de tren nada más que una vez.
⑮	Sr.Díaz :	Ya habías estado en España antes, ¿no?
⑯	Yumi :	Sí, esta es la segunda vez.
⑰		La última vez que estuve aquí fue hace unos cinco años.
⑱		Con Rafael hablé una vez entonces, ¿no es así?
⑲	Rafael :	Sí. **Nos conocimos** cuando yo era estudiante de primaria.
⑳	Sra.Díaz :	Bueno, ¿**nos sentamos** a la mesa?

═══ **Notas** ═══

Rafa　Rafael の愛称

no debías haberte molestado　「気を遣わなくてよかったのに」（直訳「君は気を遣うべきではなかった」）

cambiar de tren　「電車（列車）を乗り換える」

60

「この色が気に入ったので買いました」

（ソニアの家で）

① ユミ： こんにちは。

② ソニア： こんにちは、ユミ。どうぞ入って。

③ あなたの紺の帽子素敵ね。とてもよく似合ってる。

④ ユミ： 有難う。この色が気に入って買ったのよ。

⑤ ソニア： 弟のラファエルとは知り合いだったっけ？

⑥ ラファエル： やあ、ユミ。元気？

⑦ ユミ： あら、ラファったら、大きくなったわねえ！

⑧ ソニア： こちらが父で、こちらが母。

⑨ ユミ： はじめまして。田中ユミと言います。

⑩ ディアス夫人： はじめまして。くつろいでくださいね。コート預かりましょうか？

⑪ ユミ： 有難うございます。これは皆さんに。和菓子です。

⑫ ディアス夫人： どうも有難う。でもお気遣い頂かなくてよかったのよ。

⑬ ディアス氏： よろしく、ユミ。こちらまでいらっしゃるのは大変でしたか？

⑭ ユミ： いえ、電車で都心から1時間ちょっとでしたが、乗り換えは1回だけでよかったんです。

⑮ ディアス氏： スペインには以前いらしたことがあるんですよね？

⑯ ユミ： はい、これが2度目です。

⑰ 前回来たのは5年ほど前でした。

⑱ ラファエルとはそのときに一度話したのよね？

⑲ ラファエル： そう、僕たちが知り合ったのは僕が小学生のときだったね。

⑳ ディアス夫人： さて、食卓につきましょうか？

Vocabulario

azul marino 紺

abrigo コート

dulce （複数形で）菓子

molestar ～に迷惑をかける

molestarse 気を遣う

costar （お金・労力が）かかる、骨が折れる

（数詞＋）**y pico** ～と少し

no tener que（＋不定詞） ～しなくてよい、～する必要がない

(no ...) nada más que ～ ～だけしか（…ない）

de primaria 小学校（escuela primaria）の

sentarse a la mesa 食卓につく

[Gramática10]

① 再帰動詞の諸用法

1）基本用法

1. 直接再帰「自分自身を」・自動詞化

No *me explico* bien. 　　　　　　　　　　私は自分（の考え）をうまく説明できない。

Me levanto a las cinco de la mañana. 　　私は朝5時に起きる。

Se me *perdieron* los guantes. 　　　　　手袋がなくなった。

2. 間接再帰「自分自身に（対して）」

Los niños *se lavan* las manos antes de comer. 　子供たちは食事の前に手を洗う。

2）派生用法

3. 相互：主語は複数。

Juan y María *se quieren* mucho. 　　　　フアンとマリアは熱烈に愛し合っている。

4. 受身（再帰受身）：物主語。動作者には言及しない。

Se hablan español y quechua en Perú. 　　ペルーではスペイン語とケチュア語が話される。

En Chile *se produce* vino de buena calidad. 　チリでは良質のワインが生産される。

5. 不定人称（動作者不定）：無主語3人称単数形で「人は一般に」の意味。

¿*Se puede* pasar por aquí? 　　　　　　ここは通れますか？

6. 強調

Me voy, porque ya es tarde. 　　　　　　もう遅いからおいとまします。

Ana *se comió* la tarta entera. 　　　　　アナはケーキをまるごと食べてしまった。

3）再帰動詞の形しかないもの

Él *se arrepintió de* no haber ido a la conferencia. 　彼は講演に行かなかったことを後悔した。

② 受身表現

1）ser ＋過去分詞（＋ por 動作者）* 過去分詞は主語に性数一致

El primer ministro *fue asesinado por* un terrorista. 　首相はテロリストに暗殺された。

Esta obra de teatro *fue escrita por* Lope de Vega. 　この戯曲はロペ・デ・ベガによって書かれた。

2）再帰受身（⇒①）

③ 動作者不定表現

1）能動文3人称複数形

・具体的な出来事（今現に起こっていること等）

・動作者に話し手も聞き手も含まれない場合

・動作の受け手が明示されている場合

Llaman a la puerta. 　　　　　　　　誰かが戸口で呼んでいます。

Buscan un pianista. 　　　　　　　　ピアニストを1人探している。

Lo *critican* a sus espaldas. 　　　　　彼は陰で非難されている。

２）再帰動詞 3 人称単数形（不定人称）（⇒①）

・一般的な内容（特定の日時の出来事を述べるのではない場合）
・動作者に話し手が含まれる（含まれうる）場合

Se vive bien aquí.   ここは住みやすい。

¿Cómo *se va* a la estación?   駅へはどうやって行くのですか？

[Ejercicios10]

1. Completa las frases con los verbos reflexivos y tradúcelas al japonés.

   再帰動詞の適切な形を入れて和訳しましょう。

   1) Rafael y yo (llevarse 現在   ) bien.

   2) ¿Tú (cortarse 現在完了   ) el pelo?

   3) ¿(Divertirse 点過去, *ustedes*   ) mucho en la fiesta?

   4) ¿Cómo (llamarse 線過去   ) tu hijo?

   5) ¿(Conocerse 点過去, *vosotros*   ) cuando erais estudiantes?

   6) Las fiestas de San Fermín (celebrarse 再帰受身 現在   ) en julio.

   7) ¿Dónde (venderse 再帰受身 現在   ) huevos?

   8) Esta catedral (construirse 再帰受身 点過去   ) en el siglo XIII.

   9) ¿(Poderse 不定人称 現在   ) saber qué te ocurre?

   10) Mi madre siempre (quejarse 現在   ) de los vecinos.

2. Traduce al español. 動作者不定表現または受身表現となるよう、動詞を適切な形にして入れましょう。

   *(　　　) 内は 1 語とは限らない

   1) この単語はどう読むのですか？ (leerse)

      ¿Cómo (   ) esta palabra?

   2) ゴヤ通りの映画館で今キューバ映画をやっています。 (poner)

      Ahora (   ) una película cubana en el cine de la calle Goya.

   3) 私は市場で財布を盗まれた。 (robar) ［点過去］

      Me (   ) la cartera en el mercado.

   4) 日本では食事に箸が使われます。 (usarse) *「箸」を主語に

      En Japón (   ) palillos para comer.

   5) テロリストは警察に逮捕された。 (detener) ［点過去］

      Los terroristas (   ) por la policía.

3. Traduce al español. 本文の表現を参考にスペイン語にしましょう。

1) （丁寧に）これはお嬢さんに。— 有難うございます。お気遣い頂かなくてよかったのに。
   (hija, deber, molestarse)

2) 私は都心から彼らの家まで電車で 1 時間しかかからなかった。（現在完了）
   (tardar, nada más que, hora, desde, hasta)

3) その髪型は君にとてもよく似合ってるね。
   (peinado, quedar bien a（＋人））

4) 前回その歌手のコンサートに行ったのは、3 年前のことでした。
   (la última vez, concierto, cantante)

5) マリア María と彼女の恋人は会社で知り合ったという話だ。（動作者不定）
   (decir, novio, conocerse, oficina)

4. Completa las frases y tradúcelas al japonés. 本文を参考に適切な語句を入れて和訳しましょう。

1) Rafael (comprarse 点過去　　　　　　　　　) esta chaqueta porque le gustó su
   ［色　　　　　　　　　］.

2) Encantado. (Llamarse 現在, yo　　　　　　　　　) Yuta Tanaka.

3) Ese ［帽子　　　　　　　　　］ rojo le (quedar 直説法現在　　　　　　　　　) a Sonia
   muy bien.

4) Carmen y José (conocerse 点過去　　　　　　　　　) cuando él era estudiante de primaria.

5) ¿ (Sentarse 直説法現在, nosotros　　　　　　　　　) a la ［テーブル　　　　　　　　　］?
   Ya está preparada.

6) ¿(Conocer 線過去　　　　　　　　　) usted a mi ［妻　　　　　　　　　］ Cecilia?

7) (Tardar 直説法現在, yo　　　　　　　　　) una hora y ［30 分　　　　　　　　　］ en tren
   desde mi casa hasta la universidad.

8) No (tener 直説法現在完了, ellos　　　　　　　　　) que ［電車を乗り換える　　　　　　　　　］
   nada más que ［一度　　　　　　　　　］ para llegar aquí.

9) Ya (estar 直説法過去完了, yo　　　　　　　　　) en España antes.

10) La última vez que (estar 点過去, nosotros　　　　　　　　　) aquí fue ［〜前　　　　　　　　　］
   unos diez años.

64

[Diálogo10-2]

食卓での会話。友人の噂話をする。

(En la mesa)

① Sra.Díaz : Yumi, **siéntate** aquí. ¿Qué te apetece tomar de aperitivo?

② Yumi : Pues…, un jerez, si hace el favor, o un vino tinto, que sea de La Rioja.

③ Sr.Díaz : Conoces muy bien el vino español, ¿no?

④ Sra.Díaz : Toma lo que quieras.

⑤ Yumi : Gracias, entonces, un jerez.

(Siguen charlando mientras comen.)

⑥ Sonia : Oye, Yumi, ¿sabías que **se habían casado** José y Carmen?

⑦ Yumi : No, no lo sabía. Sí que parecía que **se llevaban** muy bien.

⑧ Sonia : La semana pasada Javier y yo estuvimos con José en un restaurante que abrió hace poco tiempo en la calle Velázquez.

⑨ Esperaba que pudiéramos ver a Carmen también, pero no vino.

⑩ Estaba resfriada y no podía salir.

⑪ Sra.Díaz : ¿Te sirvo un poco más?

⑫ Yumi : No, gracias. Está rico, pero no puedo más.

⑬ Sra.Díaz : ¿Quieres café?

⑭ Yumi : Sí, gracias.

⑮ Sra.Díaz : ¿Con leche y azúcar?

⑯ Yumi : Solo leche, por favor.

⑰ Sra.Díaz : Y de postre, ¿fruta o flan?

⑱ Yumi : Flan, gracias.

═══════════ **Notas y vocabulario** ═══════════

¿qué te apetece tomar de aperitivo? 「食前酒には何がいいですか？」
si hace el favor 「お願いできれば」「そうしていただけるなら」
La Rioja ラ・リオハ（ワインの産地）
lo que quieras 「何でも好きなもの」
sí que ～ 「たしかに～」
la calle Velázquez ベラスケス通り

jerez シェリー酒（Jerez de la Frontera 産）
tinto 赤の（ワイン）
llevarse bien （人と）うまくいく、仲がいい

estar resfriado 風邪をひいている
servir （食事を）出す、給仕する
rico 金持ちの、おいしい

[Ejercicios suplementarios1]
補充問題 1 課

▶CD 22

1. [内容理解] Escucha y escribe en el paréntesis. Marca verdadero (V) o falso (F) según el diálogo 1-2. 音声を聞いて（　　）内に語句を記入し、本文の内容に合っているか判断しましょう。

▶DL 22

▶-01　1)　V/F　Yumi (　　　　　　　　) un jersey gris.

▶-02　2)　V/F　A Yumi el jersey (　　　　　　　　) no le queda bien.

▶-03　3)　V/F　Yumi (　　　　　　) (　　　　　　　　) solo un jersey.

▶-04　4)　V/F　En la tienda (　　　　　　　) tarjetas de crédito.

▶-05　5)　V/F　El jersey que compra Yumi es para (　　　　　　) (　　　　　　).

▶-06　6)　V/F　Hay que (　　　　　　) al pagar con tarjeta.

▶-07　7)　V/F　En la tienda hay (　　　　　　).

▶-08　8)　V/F　La empleada le enseña a Yumi un jersey rojo y otro (　　　　　　).

▶-09　9)　V/F　Yumi paga (　　　　　　) (　　　　　　).

▶-10 10)　V/F　Yumi firma con un (　　　　　　).

▶CD 23
▶DL 23

2. [語彙チェック] Escucha y escribe en el paréntesis. 音声を聞いて（　　）内に語句を記入しましょう。

1)　Los niños llevan unos sombreros (　　　　　　).

2)　La chica lleva una cinta (　　　　　).

3)　Mi padre se pone el traje (　　　　　　) cuando va al trabajo.

4)　Quiero comprar unos pantalones (　　　　　).

5)　Me gusta esta falda (　　　　　).

▶CD 24
▶DL 24

3. [文法チェック] Traduce al español con "*estar* + gerundio". 進行形を用いてスペイン語にしましょう。

1)　父は新聞を読んでいる。
　　(leer, el periódico)

2)　ハイメ Jaime とエレナ Elena は彼らの子供たちを探している。
　　(buscar, hijo)

3)　僕たちは彼女を待っている。
　　(esperar)

▶CD 25
▶DL 25

4. [本文応用] Traduce al español. 本文の表現を参考にスペイン語にしましょう。

1)　このお人形をいただきます（＝買います）。
　　(llevarse, muñeca)

2)　トイレは右手にあります。
　　(servicio/baño, a la derecha)

3)　あの黒いジャケットを試着していいですか？
　　(chaqueta, negro)

66

[Ejercicios suplementarios2]
補充問題 2 課

CD 26
▶ 1. [内容理解] Escucha y escribe en el paréntesis. Marca verdadero (V) o falso (F) según el
diálogo 2-2. 音声を聞いて（　　）内に語句を記入し、本文の内容に合っているか判断しましょう。

DL 26
▶ -01 1) V / F   Javier (   ) fue a Granada.

▶ -02 2) V / F   Javier (   ) ver el Patio de los Leones.

▶ -03 3) V / F   Sonia no ha traído el (   ).

▶ -04 4) V / F   El tren va con retraso porque (   ) (   ).

▶ -05 5) V / F   Yumi (   ) (   ) la Alhambra.

▶ -06 6) V / F   Sonia ha llegado (   ) (   ) a la cita.

▶ -07 7) V / F   Javier viajó a Andalucía (   ) (   ) (   ).

▶ -08 8) V / F   Ahora (   ) (   ) en AVE de Madrid a Sevilla.

▶ -09 9) V / F   Las (   ) de la Alhambra son preciosas.

▶ -10 10) V / F   Los tres van a (   ) (   ) (   ).

CD 27
▶ 2. [語彙チェック] Escucha y escribe en el paréntesis. 音声を聞いて（　　）内に語句を記入しましょう。
DL 27

1) Mi (   ) es médico y mi (   ) es profesora.

2) Mi (   ) se llama Elena y mi (   ) se llama Daniel.

3) Mi (   ) es tres años mayor que mi (   ).

4) El (   ) Ernesto tiene una nieta de (   ) años.

5) Inés tiene a su (   ) en Estados Unidos.

CD 28
▶ 3. [文法チェック] Traduce al español. 「〜している」「〜していた」を時制を使い分けて言ってみましょう。
DL 28

(完了)　　1) 私はもう夕食の用意をしてしまっているが、夫はまだ家に戻っていない。
　　　　　　　(ya, preparar, la cena, esposo, volver, todavía)

(習慣)　　2) 3 年前から私は家族と暮らしている。(hace tres años que)

(状態)　　3) 私たちがレストランに着いたとき、テーブルは全てふさがっていた。(todo, mesa, ocupado)

(進行)　　4) 今ハビエル Javier は自分のシャツ（複数）にアイロンをかけている。[現在進行形]
　　　　　　　(ahora, planchar, camisa)

　　　　　　5) 昨日私は一日中音楽を聞いていた。[点過去進行形]　(ayer, oír música)

CD 29
▶ 4. [本文応用] Traduce al español. 本文の表現を参考にスペイン語にしましょう。
DL 29

1)（丁寧に）どうなさったんですか？[現在完了]

　　 — 雪が降っているので [現在進行形] バスが遅れているんです。
　　(pasar, autobús, ir con retraso, nevar)

2) マドリッドからバルセロナまで今は新幹線で所要時間約 2 時間です。
　　(desde, hasta, ahora, tardarse, unas dos horas, AVE)

補充問題３課

CD 30
1. [内容理解] Escucha y escribe en el paréntesis. Marca verdadero (V) o falso (F) según el

diálogo 3-2. 音声を聞いて（　　　）内に語句を記入し、本文の内容に合っているか判断しましょう。

DL 30

-01 1) V/F   Yumi (　　　　　　　　) ir a comer con Sonia hoy.

-02 2) V/F   Sonia no puede ir con Yumi a finales de la (　　　　　　　) semana.

-03 3) V/F   Yumi y Sonia quedan dentro de (　　　　　　) semanas.

-04 4) V/F   A Sonia le viene bien a (　　　　　　) (　　　　　　) del sábado 16.

-05 5) V/F   Yumi (　　　　　) (　　　　　　) (　　　　　　　) al dentista en España.

-06 6) V/F   Sonia le da a Yumi el (　　　　　) (　　　　　　) (　　　　　　) del dentista.

-07 7) V/F   Hoy es (　　　　　　).

-08 8) V/F   Yumi y Sonia siempre quedan (　　　　　) (　　　　　) (　　　　　).

-09 9) V/F   Yumi ha reservado día y hora con el dentista (　　　　　) (　　　　　).

-10 10) V/F   A Yumi le duele (　　　　　　) (　　　　　　).

CD 31
2. [語彙チェック] Escucha y escribe en paréntesis. 音声を聞いて（　　　）内に語句を記入しましょう。
DL 31

1) Voy a clase de baile los (　　　　　).

2) Tenemos una clase de español los (　　　　　).

3) Mi hija nació en (　　　　) .

4) Ha llovido poco este (　　　　　).

5) Nevó mucho en (　　　　) .

CD 32
3. [語彙チェック] Escucha y escribe en el espacio en blanco. 音声を聞いて空欄に語句を記入しましょう。
DL 32

*点線は１語とは限らない。

Raúl: ¿Por qué no salimos de compras este ....?

Rosa: Bueno, este .... lo tengo ocupado. ¿Qué te parece el ....?

Raúl: Vale. ¿Te viene bien a las doce .... en la ....?

Rosa: Pues, la verdad es que preferiría ....

Raúl: Entonces, ¿quedamos a las ....?

Rosa: Sí, no hay problema.

CD 33
4. [本文応用] Traduce al español. 本文の表現を参考にスペイン語にしましょう。
DL 33

1) どこで待ち合わせようか？

　　— 大学のカフェテリアではどう？

　　— いいよ。

　　(quedar, qué te parece, cafetería de la universidad)

2) 月曜日の午後、都合はどう？

　　— 水曜のほうがいいんだけど。

　　(venir bien, lunes, preferir, miércoles)

[Ejercicios suplementarios4]

補充問題 4 課

CD 34
▶ 1. [内容理解] Escucha y escribe en el paréntesis. Marca verdadero (V) o falso (F) según el
diálogo 4-2. 音声を聞いて（　　）内に語句を記入し、本文の内容に合っているか判断しましょう。

DL 34
▶ -01 1) V/F　José y Carmen van a (　　　　　　　) un piso.

▶ -02 2) V/F　Ellos quieren un piso que esté cerca de un (　　　　　).

▶ -03 3) V/F　El piso que quieren ver está a (　　　　　　) minutos a pie de la estación.

▶ -04 4 V/F　El primer piso que les recomiendan cuesta más de (　　　　　)
(　　　　　　) al mes.

▶ -05 5) V/F　El segundo piso que les recomiendan se construyó hace (　　　　　)
(　　　　　).

▶ -06 6) V/F　Carmen no (　　　　　　) (　　　　　　) unos quince minutos hasta la
estación.

▶ -07 7) V/F　El primer piso está justo (　　　　　) de la (　　　　　).

▶ -08 8) V/F　En el primer piso hay (　　　　　) (　　　　　) en la planta baja.

▶ -09 9) V/F　El segundo piso da a una (　　　　　) (　　　　　).

▶ -10 10) V/F　El segundo piso (　　　　　) (　　　　　).

CD 35
▶ 2. [語彙チェック] Escucha y escribe en el espacio en blanco. 音声を聞いて空欄に語句を記入しましょ
DL 35
う。*点線は 1 語とは限らない。

1) El avión sale del ＿＿＿＿＿＿ a las ＿＿＿＿＿.

2) El tren llega a la estación a las ＿＿＿＿＿ de la ＿＿＿＿＿.

3) El ayuntamiento está en la ＿＿＿＿＿.

4) Es más conveniente ir al ＿＿＿＿＿ en ＿＿＿＿＿ que en ＿＿＿＿＿.

5) La boda se celebra en la ＿＿＿＿＿ cerca del ＿＿＿＿＿.

6) Vamos a tomar chocolate con churros en la ＿＿＿＿＿ de la ＿＿＿＿＿.

7) José y Carmen cenan en el ＿＿＿＿＿ dos veces a la ＿＿＿＿＿.

CD 36
▶ 3. [本文応用] Traduce al español. 本文の表現を参考にスペイン語にしましょう。
DL 36

1）私の家は大学から歩いて 1 分だ。
(a pie)

2）イネス Inés の家は 3 階にあり、日当たりがいい。
(tercer piso)

3）スーパーマーケットは小学校の向かいにある。
(enfrente de, colegio)

69

補充問題 5 課

CD 37
▶ 1. [内容理解] Escucha y escribe en el paréntesis. Marca verdadero (V) o falso (F) según el diálogo 5-2. 音声を聞いて（　　）内に語句を記入し、本文の内容に合っているか判断しましょう。

DL 37
▶-01 1) V／F　El museo es gratis desde las (　　　　　　　) de la tarde.

▶-02 2) V／F　El (　　　　　　) que más le gusta a Sonia es Goya.

▶-03 3) V／F　A Sonia se le (　　　　　　) (　　　　　　) el monedero.

▶-04 4) V／F　El (　　　　　　) está lleno de gente porque es gratis.

▶-05 5) V／F　Mucha gente hace cola delante de la taquilla antes de las (　　　　　　).

▶-06 6) V／F　La maja vestida es una de las obras que tiene el (　　　　　　).

▶-07 7) V／F　Javier (　　　　　　) visitar el museo otra vez.

▶-08 8) V／F　Goya representa muy bien el ambiente de las calles (　　　　　　).

▶-09 9) V／F　Sonia no está (　　　　　　) de que se le haya caído el monedero.

▶-10 10) V／F　A Sonia le (　　　　　　) el bolso.

CD 38
▶ 2. [語彙チェック] Escribe la preposición adecuada en el paréntesis. (　　　) 内に適切な前置詞を記入しましょう。

DL 38

1) Estudio literatura (　　　　　　) la universidad.

2) María llegará a la estación de Tokio dentro (　　　　　　) dos horas (　　　　　　) su abuela.

3) Aquel coche azul es (　　　　　　) mi padre.

4) El profesor López va (　　　　　　) la universidad (　　　　　　) metro.

5) Voy a traerte un regalo (　　　　　　) tu cumpleaños.

6) Tienes que decir la verdad (　　　　　　) tus padres.

7) ¿Conoce usted (　　　　　　) la profesora Sánchez?

8) Tengo que terminar el trabajo (　　　　　　) una semana.

9) Trabajo en esta empresa (　　　　　　) hace tres meses.

10) El tren (　　　　) Sevilla sale (　　　　　) las once menos cuarto (　　　　　) la mañana.

CD 39
▶ 3. [本文応用] Traduce al español. 本文の表現を参考にスペイン語にしましょう。

DL 39

1) あなた方がわずか1週間でスペイン全土を回るのは無理です。
(imposible, recorrer, toda España, solo, semana)

2) メキシコの中でどの都市が君は一番気に入った？［点過去］
(ciudad, gustar, de)

3) 今年私は英語もスペイン語も勉強したい。
(este año)

4) 私が一番好きな小説家はガルシア・マルケス García Márquez です。
(novelista, gustar)

[Ejercicios suplementarios6]
補充問題 6 課

CD 40
1. [内容理解] Escucha y escribe en el paréntesis. Marca verdadero (V) o falso (F) según el diálogo 6-2. 音声を聞いて（　　）内に語句を記入し、本文の内容に合っているか判断しましょう。

DL 40
- -01 1) V/F　Yumi tiene una reserva de (　　　　　　) habitaciones sencillas.
- -02 2) V/F　No se puede tomar el desayuno a las (　　　　　　) de la mañana en el hotel.
- -03 3) V/F　Está incluido el (　　　　　　).
- -04 4) V/F　El comedor está en el (　　　　　　) piso.
- -05 5) V/F　Es necesario enseñar la llave al (　　　　　　) para tomar el desayuno en el hotel.
- -06 6) V/F　Las tres van a alojarse en el hotel tres (　　　　　　).
- -07 7) V/F　El recepcionista le recomienda a Sonia (　　　　　　) restaurantes.
- -08 8) V/F　En el restaurante de la esquina se come (　　　　　　) muy buena.
- -09 9) V/F　El bar de la calle de atrás es (　　　　　　).
- -10 10) V/F　El bar de la calle de atrás es (　　　　　　).

CD 41
DL 41
2. [語彙チェック] Escucha y escribe en el paréntesis. 音声を聞いて（　　）内に語句を記入しましょう。

- 1) Para preparar tortilla española se necesitan (　　　　　), (　　　　　) y (　　　　　).
- 2) La paella de mariscos lleva (　　　　), (　　　　) y (　　　　), entre otros ingredientes.
- 3) Voy a tomar un (　　　　　) de (　　　　　).
- 4) A Jorge le gusta el bocadillo de (　　　　　).
- 5) ¿Le echas (　　　　　) y (　　　　　) al (　　　　　)?
- 6) No debe faltar el (　　　　　) de oliva en la cocina española.
- 7) El gazpacho es una sopa de (　　　　　), típica de Andalucía.
- 8) Añade a la olla la (　　　　　) y la (　　　　　).

CD 42
DL 42
3. [本文応用] Traduce al español. 本文の表現を参考にスペイン語にしましょう。

- 1) ヤマダの名前でシングルを 1 部屋、2 泊で予約をしてあります。
  (tener una reserva de, habitación sencilla, a nombre de, para, noche)

- 2) 料金に税金（複数）は含まれていますか？
  (impuesto, incluir, precio)

- 3) この近くにどこかいい土産物屋はありますか。
  (tienda de recuerdos, cerca de aquí)

- 4) この日本料理店はおいしい。
  (comerse bien)

- 5) 係員にあなたの入場券を示してください。
  (enseñar, encargado, entrada)

[Ejercicios suplementarios7]
補充問題 7 課

CD 43
▶ 1. [内容理解] Escucha y escribe en el paréntesis. Marca verdadero (V) o falso (F) según el

diálogo 7-2. 音声を聞いて（　　）内に語句を記入し、本文の内容に合っているか判断しましょう。

DL 43

▶ 01 1) V/F Carmen y José han reservado el viaje a (　　　　　　　).

▶ 02 2) V/F Carmen (　　　　　　　) ir a Cancún.

▶ 03 3) V/F No quedan plazas en el viaje a (　　　　　　).

▶ 04 4) V/F No quedan plazas en el viaje a las (　　　　　) (　　　　　　).

▶ 05 5) V/F Carmen y José son recién (　　　　　　).

▶ 06 6) V/F El viaje de la compañía A no va a (　　　　　　).

▶ 07 7) V/F El viaje de la compañía A cuesta menos de (　　　　)(　　　　)(　　　　).

▶ 08 8) V/F El viaje de la compañía B es de (　　　　)(　　　　).

▶ 09 9) V/F El viaje de la compañía B cuesta más de (　　　　)(　　　　)(　　　　).

▶ 10 10) V/F A Carmen y José les pueden poner en la lista de espera del viaje a (　　　　　).

CD 44
▶ 2. [語彙チェック] Escucha y completa las frases . 音声を聞いて語句を記入しましょう。*点線は1語と
DL 44
は限らない。

1) ¿Dónde está el teatro? — Está ＿＿＿＿＿＿ ayuntamiento.

2) ¿Dónde está la parada de autobús? — Al ＿＿＿＿＿ de la calle. ＿＿＿＿＿ por

aquí.

3) ¿Cómo se va al estadio? — Tome el ＿＿＿＿＿ y baje en la ＿＿＿＿＿ estación.

4) ¿Cómo se va a la estación? — Siga ＿＿＿＿＿ por esta calle y en la segunda esquina

gire ＿＿＿＿＿.

5) ¿En qué planta se venden recuerdos? — Se venden en la ＿＿＿＿＿, al lado de la

entrada.

6) ¿Dónde se vende queso? — Se vende ＿＿＿＿＿＿＿＿＿.

CD 45
▶ 3. [本文応用] Traduce al español. 本文の表現を参考にスペイン語にしましょう。
DL 45

1) 本日こちらのホテルは満室です。

(hoy, completo)

2) パリ París 経由マドリッド行きの便のキャンセル待ちリストに（私を）入れていただけますか？

(poner, vuelo a, con escala en)

3) 僕たちはこの夏を軽井沢でのんびり過ごすのも悪くないと（僕は）思うよ。

(no parecer mal, pasar tranquilo, verano)

4) 今晩の公演にはまだ席が残っています。

(función, quedar, asiento)

[Ejercicios suplementarios8]

補充問題 8 課

▶ CD 46 1. [内容理解] Escucha y escribe en el paréntesis. Marca verdadero (V) o falso (F) según el

diálogo 8-2. 音声を聞いて（　　）内に語句を記入し、本文の内容に合っているか判断しましょう。

▶ DL 46 -01 1) V/F　La madre de Yumi es aficionada al (　　　　　　　　).

▶ -02 2) V/F　La madre de Yumi sigue aprendiendo a (　　　　　　　) flamenco.

▶ -03 3) V/F　Yumi le (　　　　　) (　　　　　　) a Sonia que a su madre le gusta bailar.

▶ -04 4) V/F　Yumi se pasa todo el día viendo (　　　　　　) de fútbol.

▶ -05 5) V/F　A la madre de Yumi le gusta tanto visitar museos como ver (　　　　)(　　　　)
(　　　　　).

▶ -06 6) V/F　La madre de Yumi no quiere ir al estadio de fútbol (　　　　　) no hay partidos.

▶ -07 7) V/F　De (　　　　　) la madre de Yumi se entusiasmaba con el flamenco.

▶ -08 8) V/F　La madre de Yumi (　　　　　　) español bien.

▶ -09 9) V/F　Al taxista le (　　　　　) que la madre de Yumi sepa español.

▶ -10 10) V/F　Ahora es la temporada de (　　　　　　).

▶ CD 47
DL 47 2. [語彙チェック] Escucha y escribe en el paréntesis. 音声を聞いて（　　）内に語句を記入しましょう。

1) Mario lleva cinco años practicando (　　　　　).

2) Mi hermano sabe (　　　　　) y (　　　　　　) bien.

3) Soy miembro de un equipo de (　　　　　　).

▶ CD 48
DL 48 3. [文法チェック] Completa las frases con el pretérito imperfecto de subjuntivo y tradúcelas al
japonés. （　　）内に接続法過去形を入れて和訳しましょう。

1) Mi marido insistió en que nosotros (ver 　　　　　　　) las Fallas* de Valencia.
*「（バレンシアの）火祭り」

2) Queríamos que (aprobar, *tú* 　　　　　　) el examen.

3) （タクシーの運転手に）Le agradecería que (ir, *usted* 　　　　　　) lo más deprisa
posible*.
*lo más deprisa posible「できるだけ急いで」

4) （列の最後の人に）Perdone, ¿le importaría que (ponerse*, *yo* 　　　　　　) delante
de usted? Es que tengo un poco de prisa.
*「入る」「（位置に）つく」

▶ CD 49
DL 49 4. [本文応用] Traduce al español. 本文の表現を参考にスペイン語にしましょう。

1) 君がギターを弾くなんて知らなかったよ。全然話してくれなかったから。
(saber, tocar la guitarra, nunca, decir)

2) 大事なのはスペイン語の勉強を続けることだと（私は）わかっています。
(saber, importante, continuar, estudiar)

3) 君たちが日本のアニメが好きだとしても（私には）不思議はないね。
(extrañar, gustar, dibujos animados)

補充問題 9 課

CD 50
DL 50
▶ 1. [内容理解] Escucha y escribe en el paréntesis. Marca verdadero (V) o falso (F) según el diálogo 9-2. 音声を聞いて（　　　）内に語句を記入し、本文の内容に合っているか判断しましょう。

▶-01 1) V/F El hermano de Yumi va a (　　　　　　　　).

▶-02 2) V/F Todos los (　　　　　　　　) van al templo el día de Año Nuevo.

▶-03 3) V/F La (　　　　　　　　) del hermano de Yumi se llama Mari.

▶-04 4) V/F El vuelo a Tokio sale de la puerta de embarque (　　　) (　　　) (　　　).

▶-05 5) V/F Yumi se va a Japón (　　　　　　) de las Navidades.

▶-06 6) V/F La familia de Yumi va a (　　　　　　) el día de Año Nuevo.

▶-07 7) V/F *Osechi* es la comida japonesa tradicional para la (　　　　　　).

▶-08 8) V/F Sonia y Javier acompañan a Yumi a la (　　　　　　).

▶-09 9) V/F Javier no sabía que el hermano de Yumi está (　　　　　　).

▶-10 10) V/F Yumi (　　　　　　) que los japoneses son muy religiosos.

CD 51
DL 51
▶ 2. [語彙チェック] Escucha y completa las frases. 音声を聞いて語句を記入しましょう。*点線は１語とは限らない。

1) ¿Cuánto es en total? — Son ....

2) ¿A qué hora cierran el museo? — Dentro de .... Cierran a las ....

3) ¿Cuánto tiempo llevas practicando tenis? — .... más o menos.

4) ¿Cuándo quedamos? — ¿Qué te parece el .... a las ....?

5) ¿Cuántas veces a la semana trabajas en la tienda? — Trabajo .... veces ....

CD 52
DL 52
▶ 3. [文法チェック] Completa las frases con la forma adecuada de subjuntivo y tradúcelas al japonés. 接続法現在・接続法過去・接続法現在完了・接続法過去完了のうち適切な形を入れて和訳しましょう。

1) No estoy seguro de que (cerrar　　　　　　　　) el gas antes de salir.

2) Sentí mucho que tu padre (caer　　　　　　　　) enfermo.

3) Es probable que (seguir　　　　　　) nevando mañana.

4) No hagas caso de lo que te (decir　　　　　　　) los demás.

5) El médico me dijo que (dejar　　　　　　) de fumar.

6) ¿Hay alguien que (estar　　　　　　) en Chile?

7) Necesitaban un empleado que (manejar　　　　　　　) este tipo de ordenador.

8) Sueño con vivir en un mundo donde no (haber　　　　　　　) guerras ni crímenes.

CD 53
DL 53
▶ 4. [本文応用] Traduce al español. 本文の表現を参考にスペイン語にしましょう。

1) （丁寧に）お祖母さまは亡くなられたというお話でしたか？ （主節は線過去、usted）
(decir, abuela, morirse)

2) スペイン人が皆闘牛に行くわけではない。(ir a los toros)

3) 誕生日おめでとう。(cumpleaños)

4) お母さまによろしく。

[Ejercicios suplementarios10]

補充問題 10 課

CD 54
1. [内容理解] Escucha y escribe en el paréntesis. Marca verdadero (V) o falso (F) según el diálogo 10-2. 音声を聞いて（　）内に語句を記入し、本文の内容に合っているか判断しましょう。

DL 54

-01　1) V/F　Yumi va a tomar un (　　　　　　　).

-02　2) V/F　Sonia comió en un restaurante (　　　　　　　).

-03　3) V/F　Yumi (　　　　　　　) que Carmen y José se habían casado.

-04　4) V/F　Carmen no pudo ir al restaurante por (　　　　　　　).

-05　5) V/F　El restaurante donde comió Sonia está en la (　　　　　　) (　　　　　　).

-06　6) V/F　La comida está rica y Yumi quiere comer (　　　　　　).

-07　7) V/F　Sonia vio a José en un restaurante el (　　　　　　) (　　　　　　).

-08　8) V/F　Yumi conoce muy bien el vino (　　　　　　).

-09　9) V/F　Yumi le echa (　　　　　　) y azúcar al café.

-10　10) V/F　Yumi quiere tomar (　　　　　　) de postre.

CD 55
2. [語彙チェック] Escucha y escribe en el paréntesis. 音声を聞いて（　）内に語句を記入しましょう。

DL 55

1) Rosa tiene los (　　　　　　) azules.

2) Me duele el (　　　　　　).

3) Antonio se cayó por la escalera y se rompió la (　　　　　　).

4) No debes hablar con la (　　　　　　) llena.

CD 56
3. [本文応用] Traduce al español. 本文の表現を参考にスペイン語で言ってみましょう。

DL 56

1) （親しい相手に）デザートは何がいい。いちごアイス、それともレモンシャーベット？―いちごアイス、お願い。

(apetecer, postre, helado de fresa, sorbete de limón)

2) パコ Paco は日本料理にとても詳しい。

(conocer, la comida japonesa)

3) （丁寧に）もう少しとりましょうか？―はい、お願いします。とてもおいしいです。

(servir, estar)

4) 君たちは何でも好きなものを注文していいよ。

(poder pedir, querer)

5) （親しい相手に）カルメン Carmen が出産していたって知ってた？

(saber, dar a luz)

6) マノロ Manolo とマリアナ Mariana は少し前からうまく行ってないみたいだ。［現在形］

(parecer, llevarse bien, desde hace poco)

CD 57
4. [文法チェック] Traduce al japonés. 動作者不定表現に気を付けて和訳しましょう。

DL 57

1) ¿Cómo se dice *momo* en español? ― Se dice melocotón.

2) ¿Cómo se escribe tu nombre? ― Y-U-M-I.

3) Me tomaron por mi hermano.

4) Se conduce por la derecha en España.

5) Avisaron de que el avión llegaba con retraso.

75

Apéndice（文法補足）

1 関係節

1）主な関係詞（⇒3課）

que：先行詞＝人、もの

前置詞＋ **el** (la / los / las) **que**：前置詞の後では通常定冠詞（先行詞に性数一致）を伴う。

el (la / los / las) **que**：「〜する人（々）」。先行詞を含む独立用法。

lo que：「〜すること」。先行詞を含む独立用法（英：*what*）、または前の内容を先行詞とし「〜そのことは」と説明用法で用いる。

quien / quienes：先行詞＝人（先行詞に一致し複数形あり）。前置詞を伴わない限定用法は不可。先行詞を含む独立用法「〜する人（々）」あり。

donde (= en el que)：先行詞＝場所（en 〜に相当）。

2）関係節の作り方の原則

例1 関係代名詞が関係節内の主語または前置詞を伴わない目的語に相当する場合。

a. Compraste la revista ayer.

b. ¿Dónde está la revista?

の a. の文で b. の la revista を修飾する場合

↓

a. Compraste la revista ayer. の *revista* を que に置換して文頭に移動した文を b. の la revista に後続させる。（元の定冠詞は残らない）

↓

c. ¿Dónde está la revista *que* compraste ayer?　昨日君が買った雑誌はどこにありますか？

例2 関係代名詞が関係節内の前置詞句に相当する場合。前置詞ごと関係節の先頭に移動。

a. Hablabas de la revista.

b. ¿Dónde está la revista?

の a. の文で b. の la revista を修飾する場合

↓

a. Hablabas de la revista. の *revista* を *que* に置換して、前置詞・定冠詞と一緒に文頭に移動した文を b. の la revista に後続させる。（元の定冠詞も原則残る）

↓

c. ¿Dónde está la revista *de la que* hablabas?　君が話していた雑誌はどこにありますか？

（練習）スペイン語にしましょう。

1）こちらが私にスペイン語を教えてくれている (enseñar) 先生です。

Este es el profesor [　　　　　　　　　　　　　].

2）私が先週読んだ小説はとても面白かった。

La novela [　　　　　　　　　　　　　] fue muy divertida.

3）君たちが話していた（hablar de, 線過去）女の子って誰なの？

¿Quién es la chica [　　　　　　　　　　　　　]?

4) 私の知り合いの (conocer) その女の子は大阪の出身です。

　　La chica [　　　　　　　　　　　　　　　　　　] es de Osaka.

　　　　　　　　　　＊人を表す直接目的語が先行詞の場合に限り前置詞省略可能。*que conozco* も可。

5) 私の父が働いている会社は都心にある。

　　La oficina [　　　　　　　　　　　　　　　] está en el centro de la ciudad.

6) 君の言うことは理解できない。

　　No entiendo [　　　　　　　　　　　].

3）その他の関係詞

　　El día *en que* María se casó estaba lloviendo.　マリアが結婚した日は雨が降っていた。

　　　→先行詞が時間や様態の場合、前置詞の後に定冠詞を伴わないことが多い。

　　Tengo un amigo *cuya* madre es colombiana.　私にはお母さんがコロンビア人の友人がいる。

　　　→関係形容詞 **cuyo**。所有形容詞相当、先行詞でなく後続する名詞に性数一致。

　　Esta es Cecilia, *la que* trabaja conmigo.　こちらはセシリア、（この人が）私と一緒に働いている人です。

　　　→定冠詞＋ que がコンマの後で用いられると同格用法となる。

② 分詞

　　現在分詞は基準時（主動詞）との同時性、過去分詞は基準時に対する前時性を表すのが、基本の機能である。過去分詞は完了時制（*haber* ＋過去分詞）を除き、修飾する名詞に性数一致する。

・現在分詞　El escritor *está escribiendo* una novela.　その作家は小説を書いているところだ。

　　　　　Marta dejó a sus niños *jugando* en el jardín.　マルタは子供たちを庭で遊ばせておいた。

　　　　　Escribiendo una novela, el escritor estaba tomando un café.

　　　　　　　　　　　　　　　　　　その作家は小説を書きながら、コーヒーを飲んでいた。

・過去分詞　La novela *fue escrita por* Cervantes.　その小説はセルバンテスによって書かれた。

　　　　　La novela *está escrita* en gallego.　その小説はガリシア語で書かれている。

　　　　　Marta dejó la puerta *abierta*.　マルタはドアを開けたままにしておいた。

　　　　　Escrita la novela, el escritor la llevó a la editorial.

　　　　　　　　　　　　　　　　　その作家は小説を書いてしまうと、それを出版社に持っていった。

③ 不定詞構文

　　前置詞の後で動詞は不定詞の形（原形）をとる。

　　従属文の主語が主節と同一の場合は、従属節の代わりに不定詞構文となる。

　　Antes de *marcharme*, puedo hablar contigo.　私が出発する前に私は君と話せます。

　　Antes de que *te marches*, puedo hablar contigo.　君が出発する前に私は君と話せます。

　　Me alegro de *haber visto* a Sonia.　（私が）ソニアに会えて私は嬉しかった。

　　Me alegro de que *hayamos visto* a Sonia.　（私たちが）ソニアに会えて私は嬉しかった。

使役・知覚動詞も不定詞構文をとる。

El jefe nos hizo *trabajar* hasta la medianoche. （hacer + O +不定詞）
上司は我々を真夜中まで働かせた。（強制）

La madre dejó a su niño *jugar* en el parque. （dejar + O +不定詞）
母親は子供を公園で遊ばせた。（放任）

Vi a María *bailar*. （ver + O +不定詞）
私はマリアが踊るのを見た。

Oímos a Juan *tocar* la guitarra. （oír + O +不定詞）
私たちはフアンがギターを弾くのを聞いた。

知覚動詞は進行中の個別の行為の知覚を表す場合、不定詞の代わりに現在分詞をとる。

Vi a María *bailando*. （ver + O +現在分詞）
私はマリアが踊っているのを見た。

Oímos a Juan *tocando* la guitarra. （oír + O +現在分詞）
私たちはフアンがギターを弾いているのを聞いた。

④ 願望文の時制

願望文は発話時を基準時とし、実現可能性の度合いにより時制を使い分ける。

¡Ojalá *pueda* ir a España!　　　　　　スペインに行けたらなあ。［未完了・同時、可能性高］

¡Ojalá *pudiera* ir a España mañana mismo!

　　　　　　　　　　　明日にもスペインに行けたらなあ。［未完了・同時、可能性低］

¡Ojalá me *haya tocado* la lotería!　　宝くじが当たっていたらなあ。［完了・前時、可能性あり］

¡Ojalá me *hubiera tocado* la lotería!　　宝くじが当たっていたらなあ。［完了・前時、可能性なし］

（練習）接続法の時制を使い分けて願望文を言ってみましょう。

1）¡Ojalá (pasar 接続法現在, *tú*　　　　　　　　　) todos los exámenes!

2）¡Ojalá (saber 接続法過去, *yo*　　　　　　　　　) hablar ruso!

3）¡Ojalá nuestro equipo (ganar 接続法現在完了　　　　　　　) el partido!

4）¡Ojalá (ver 接続法過去完了, *nosotros*　　　　　) los cuadros de El Greco* en Toledo!

　　　　　　　　　　　　*El Greco エル・グレコ（1541-1614 スペインの画家、トレドで活躍した）

⑤ 冠詞の代名詞化

定冠詞・不定冠詞は後ろに形容詞または前置詞句を伴うことで代名詞化し、名詞省略可能となる。

el bolso blanco → el blanco　　　　　una corbata roja → una roja

un bolso de Sara → uno de Sara　　　la corbata de Pedro → la de Pedro

定冠詞中性形と形容詞で「～こと」「～もの」を表す。

lo necesario　必要なこと

所有形容詞前置形は代名詞化できず、所有代名詞は定冠詞と所有形容詞後置形で作る。

mi ordenador → el mío　　　　　　vuestra cámara → la vuestra

― Suplemento 目次 ―

[Suplemento1]　文字と発音

CD 58
DL 58
① Alfabeto　アルファベート

A	**a**	[a]	ア		**Ñ**	**ñ**	[éɲe]	エニェ
B	**b**	[be]	ベ		**O**	**o**	[o]	オ
C	**c**	[θe/se]	セ		**P**	**p**	[pe]	ペ
D	**d**	[de]	デ		**Q**	**q**	[ku]	ク
E	**e**	[e]	エ		**R**	**r**	[ére]	エレ
F	**f**	[éfe]	エフェ		**S**	**s**	[ése]	エセ
G	**g**	[xe]	ヘ		**T**	**t**	[te]	テ
H	**h**	[átʃe]	アチェ		**U**	**u**	[u]	ウ
I	**i**	[i]	イ		**V**	**v**	[úβe]	ウベ
J	**j**	[xóta]	ホタ		**W**	**w**	[úβe dóβle]	ウベドブレ
K	**k**	[ka]	カ		**X**	**x**	[ékis]	エキス
L	**l**	[éle]	エレ		**Y**	**y**	[je]*	ジェ
M	**m**	[éme]	エメ		**Z**	**z**	[θéta/séta]	セタ
N	**n**	[éne]	エネ					

*2010 年以前は旧名称 i griega（イグリエガ）

CD 59
DL 59
② アクセント位置の規則

スペイン語は綴り字によりアクセント（強勢）の置かれる位置が決まる。

1) 母音字または -n, -s で終わる語：後ろから 2 つ目の音節　muñeco, examen, zapatos

2) -n, -s 以外の子音字で終わる語：最後の音節　profesor, hotel

3) アクセント符号のある語：アクセント符号の位置　música, lápiz

　上記 **1) 2)** の規則に該当しない位置に強勢が置かれる場合、アクセント符号が必要となる。

　二重母音・三重母音は 1 母音相当として数える。　patio, Uruguay

CD 60
DL 60
③ 母音字

1) 単母音

　　開母音（強母音）**a e o**　　casa, mesa, sopa

　　閉母音（弱母音）**i u**　　　vino, fruta

2) 二重母音：閉母音（i,u）を含む 2 母音連続。1 つの母音として扱われる。

　　aire, c**au**sa, v**ei**nte, **eu**ro, h**oy***　　　　　　　　　　　　　*語末の i は y で表記

　　p**ia**no, ag**ua**, c**ie**ncia, n**ue**vo, limp**io**, antig**uo**

　　c**iu**dad, m**uy**

3) 三重母音：閉母音（i,u）＋開母音（a,e,o）＋閉母音（i,u）の 3 母音連続。1 つの母音として扱われる。

　　estud**iái**s, Parag**uay**, b**uey**

80

4 子音字

b [b] bueno, árbol

c

(ca, co, cu)

   [k] cuatro, canción, médico, lección

(ci, ce)

   [θ]（スペイン）/s（中南米）] cena, diccionario

ch [tʃ] chico, coche

d [d] día, diente

f [f] foto, teléfono

g

(ga,go,gu/gui,gue)

   [g] gato, amigo, guerra

(gi, ge)

   [x]（強いハ行音）gitano, gente

(güi, güe)

   [gw] bilingüe, lingüística

h [-]（常に無音）hermano, hermana

j [x] hijo, hija

k [k] kiwi, kilo

l [l] luna, sol

ll [j]（弱いジャ行音）[j]（ヤ行音）silla, lluvia

m [m] mano, mes

n [n] nieve, Japón

ñ [ɲ]（ニャ行音）España, mañana

p [p] país, patata

q (qu-) [k] parque, aquí

r

（語頭以外）

   [ɾ]（弾き音）pero, profesor

（語頭）

   [r]（巻き舌）revista, regalo

rr [r] perro, tierra

s [s] sitio, semana

t [t] tarjeta, tomate

v [b] vino, televisión

w [w] whisky, web

x

（母音間）

   [ks] examen, éxito

（それ以外）

   [(k)s] explicar

（以下の語のみ例外）

   [x] México, mexicano

y [j] [j] yo, hoy, y

z [θ]（スペイン）/s（中南米）] zapatos, zumo

5 発音に注意すべき綴り字

[k] **qui, que, ca, co, cu**   máquina, parque, casa, cosa, Cuba
    キ　ケ　カ　コ　ク

[g] **gui, gue, ga, go, gu**   guía, guerra, gato, amigo, gusto
    ギ　ゲ　ガ　ゴ　グ

[gw] **güi, güe, gua, guo,**   pingüino, nicaragüense, lengua, antiguo
    グィ　グェ　グァ　グォ

[x] **gi/ji, ge/je, ja, jo, ju**   página, jirafa, gente, jefe, Japón, joven, julio
    ヒ　ヘ　ハ　ホ　フ

[θ][s] **ci, ce, za, zo, zu**   cita, cena, plaza, zona, azul
    シ　セ　サ　ソ　ス

   cf. [kw] **cui, cue, cua, cuo**   cuidado, cuenta, cuaderno, cuota
     クィ　クェ　クァ　クォ

[Suplemento2]　基数と序数

1 基数

0	cero	20	veinte	100	cien (ciento)	
1	uno	21	veintiuno	101	ciento uno (un/una)	
2	dos		(veintiún/veintiuna)	102	ciento dos	
3	tres	22	veintidós			
4	cuatro	23	veintitrés	200	doscientos(/tas)	
5	cinco	24	veinticuatro	300	trescientos(/tas)	
6	seis	25	veinticinco	400	cuatrocientos(/tas)	
7	siete	26	veintiséis	500	quinientos(/tas)	
8	ocho	27	veintisiete	600	seiscientos(/tas)	
9	nueve	28	veintiocho	700	setecientos(/tas)	
10	diez	29	veintinueve	800	ochocientos(/tas)	
11	once	30	treinta	900	novecientos(/tas)	
12	doce	31	treinta y uno (un/una)			
13	trece	32	treinta y dos	1 000	mil	
14	catorce	40	cuarenta	2 000	dos mil	
15	quince	50	cincuenta	10 000	diez mil	
16	dieciséis	60	sesenta	100 000	cien mil	
17	diecisiete	70	setenta	1 000 000	un millón	
18	dieciocho	80	ochenta	10 000 000	diez millones	
19	diecinueve	90	noventa	100 000 000	cien millones	
		99	noventa y nueve			

2 序数

第1の	primero	第6の	sexto	
第2の	segundo	第7の	séptimo	
第3の	tercero	第8の	octavo	
第4の	cuarto	第9の	noveno	
第5の	quinto	第10の	décimo	

el siglo octavo　8世紀　　　la tercera fila　3列目

*primero, tercero は男性名詞単数形の前で語尾脱落

el *primer* ministro　首相　　　el *tercer* día　3日目

[Suplemento3]　国名と地名形容詞

* 地名形容詞は男性単数形を記載。男性単数形は名詞として言語名「〜語」も表す。

◇スペイン語圏の国・地域

España	スペイン	español
México	メキシコ	mexicano
Argentina	アルゼンチン	argentino
Bolivia	ボリビア	boliviano
Chile	チリ	chileno
Colombia	コロンビア	colombiano
Costa Rica	コスタリカ	costarricense（男女・単）
Cuba	キューバ	cubano
Ecuador	エクアドル	ecuatoriano
El Salvador	エルサルバドル	salvadoreño
Guatemala	グアテマラ	guatemalteco
Honduras	ホンジュラス	hondureño
La República Dominicana	ドミニカ共和国	dominicano
Nicaragua	ニカラグア	nicaragüense（男女・単）
Panamá	パナマ	panameño
Paraguay	パラグアイ	paraguayo
Perú	ペルー	peruano
Puerto Rico	プエルトリコ	puertorriqueño
Uruguay	ウルグアイ	uruguayo
Venezuela	ベネズエラ	venezolano
Guinea Ecuatorial	赤道ギニア	guineoecuatoriano

◇その他の国・地域

Alemania	ドイツ	alemán
Brasil	ブラジル	brasileño
China	中国	chino
Estados Unidos	アメリカ合衆国	estadounidense（男女・単）
Francia	フランス	francés
Inglaterra	イギリス	inglés
Japón	日本	japonés
Portugal	ポルトガル	portugués
Rusia	ロシア	ruso
Vietnam	ベトナム	vietnamita（男女・単）

[Suplemento4] 疑問詞、前置詞、場所と時間の表現

疑問詞

cómo どのように   cuál / cuáles どれ   cuándo いつ

cuánto, ta / cuántos, tas いくら、いくつ   dónde どこ

qué 何   quién / quiénes 誰   por qué なぜ

前置詞

a ～へ、～に（方向・相手・時刻）   con ～と、～で、～とともに（同伴者・道具）

de ～の、～から、～について   desde ～から

en ～の中・上に、～に、～で（場所・交通手段）   entre ～の間に

hacia ～の方へ、～の方に   hasta ～まで

para ～のために   por ～によって、～を通って

sin ～なしで   sobre ～の上に、～について

位置関係・場所

antes de ～の前に（時間）   después de ～の後に（時間）

delante de ～の前に（位置・場所）   detrás de ～の後ろに（位置・場所）

a la derecha de ～の右に   a la izquierda de ～の左に

encima de ～の上に   debajo de ～の下に   al lado de / junto a ～のそば・横・隣に

al fondo de ～の奥に   cerca de ～の近くに   lejos de ～から遠くに

aquí ここに   ahí そこに   allí あそこに

月・曜日・季節

enero 1月   febrero 2月   marzo 3月   abril 4月

mayo 5月   junio 6月   julio 7月   agosto 8月

septiembre 9月   octubre 10月   noviembre 11月   diciembre 12月

lunes 月曜日   martes 火曜日   miércoles 水曜日   jueves 木曜日

viernes 金曜日   sábado 土曜日   domingo 日曜日

*複数形は sábados, domingos のみ。他は単複同形。

primavera 春   verano 夏   otoño 秋   invierno 冬

時の表現（直示表現）

hoy 今日   ayer 昨日   anteayer 一昨日

mañana 明日   pasado mañana 明後日

esta semana 今週   la semana pasada 先週   la semana próxima / la semana que viene 来週

este mes 今月   el mes pasado 先月   el mes próximo / el mes que viene 来月

este año 今年   el año pasado 昨年   el año próximo / el año que viene 来年

esta mañana 今朝   esta tarde 今夕（今日の午後）

esta noche 今夜   anoche 昨夜

[Suplemento5] 人称代名詞と所有形容詞、冠詞、指示詞、形容詞

① 人称代名詞と所有形容詞

	主語（〜が）	直接目的語（〜を）	間接目的語（〜に）	再帰代名詞（自分を/に）	前置詞の後	前置詞の後・再帰形	所有形容詞・前置形（〜の）	所有形容詞・後置形（〜の）
私	yo	me	me	me	mí	mí	mi	mío
君	tú	te	te	te	ti	ti	tu	tuyo
彼、彼女、あなた	él, ella, usted	lo, la	le (se)	se	él, ella, usted	sí	su	suyo
私たち	nosotros (-as)	nos	nos	nos	nosotros (-as)	nosotros (-as)	nuestro	nuestro
君たち	vosotros (-as)	os	os	os	vosotros (-as)	vosotros (-as)	vuestro	vuestro
彼ら、彼女たち、あなた方	ellos, ellas, ustedes	los, las	les (se)	se	ellos, ellas, ustedes	sí	su	suyo

目的語代名詞は「に - を - 活用動詞」の語順。ただし間接・直接ともに 3 人称の場合 le/les → se

    ¿Me mandas la foto? − Sí, *te la* mando.   私に写真を送ってくれる？ − はい、送ります。

    ¿Le mandas la foto a María? − Sí, *se la* mando.   マリアに写真を送りますか？ − はい、送ります。

直接目的語中性形 lo「それを・そのことを」。内容を指すときに用いられる。

    No *lo sé.*   わかりません（それを知りません）。

前置詞の後の mí, ti, sí は con を伴うと conmigo, contigo, consigo となる。

    Perdió la confianza en *sí* mismo.   彼は自分に対する自信を失った。

    ¿Vas conmigo?   僕と一緒に行く？

スペインでは人を指す場合、男性形の直接目的語 lo, los の代わりに *le, les* がよく使われる。

    Le espero. (= *Lo espero.*)   彼を待ちます。

② 冠詞

1）定冠詞「その / それらの」

	単数	複数
男	el	los
女	la	las

2）不定冠詞「ある、ひとつの / いくつかの」

	単数	複数
男	un	unos
女	una	unas

中性定冠詞 lo

③ 指示形容詞・指示代名詞

	「この・これ」 単数	複数	「その・それ」 単数	複数	「あの・あれ」 単数	複数
男	este	estos	ese	esos	aquel	aquellos
女	esta	estas	esa	esas	aquella	aquellas

中性形 esto「これ」eso「それ」aquello「あれ」（性のわからないとき・内容を指すときに使用）

    ¿Qué es esto? これは何ですか？   *Eso* me tranquiliza. そのことは私を安心させる。

④ 形容詞

　　1）o で終わるもの「-o, a, os, as 型」　　2）子音末の地名形容詞「-ゼロ, a, es, as 型」
　　　　blanco「白い」　　　　　　　　　　　　español「スペイン（人）の」

	単数	複数	単数	複数
男	blanco	blancos	español	españoles
女	blanca	blancas	española	españolas

　　3）o で終わらないもの（子音末の地名形容詞をのぞく）男女同形「-ゼロ, (e)s 型」
　　　　grande「大きい」　　　　azul「青い」

	単数	複数	単数	複数
男	grande	grandes	azul	azules
女	grande	grandes	azul	azules

[Suplemento6]　完了時制のまとめ

基準時までの完了を表す動詞形式。

haber ＋過去分詞の形をとる。助動詞 haber が基準時の時制を表し主語の人称と数に一致。

　　1）**直説法現在完了**：haber 直説法現在＋過去分詞

　　　hablar　　　　　　　　　　　　　　　　comer

he hablado	**hemos** hablado	**he** comido	**hemos** comido
has hablado	**habéis** hablado	**has** comido	**habéis** comido
ha hablado	**han** hablado	**ha** comido	**han** comido

　　＊現在までの完了。

　　He visto unos cuadros de Velázquez en el Museo del Prado.
　　　私はプラド美術館でベラスケスの絵を見たことがあります。

　　2）**直説法過去完了**：haber 直説法線過去＋過去分詞

　　　hablar　　　　　　　　　　　　　　　　comer

había hablado	**habíamos** hablado	**había** comido	**habíamos** comido
habías hablado	**habíais** hablado	**habías** comido	**habíais** comido
había hablado	**habían** hablado	**había** comido	**habían** comido

　　＊過去のある時点までの完了。

　　Antes de venir a España, *había visto* unos cuadros de Velázquez.
　　　私はスペインに来る前にベラスケスの絵を見たことがありました。

　　3）**直説法未来完了**：haber 直説法未来＋過去分詞

　　　hablar　　　　　　　　　　　　　　　　comer

habré hablado	**habremos** hablado	**habré** comido	**habremos** comido
habrás hablado	**habréis** hablado	**habrás** comido	**habréis** comido
habrá hablado	**habrán** hablado	**habrá** comido	**habrán** comido

＊未来のある時点までの完了、現在完了の推量。

A las ocho *habrán llegado* a casa.　　8時には彼らは家に着いているだろう。

Ya *habrán llegado* a casa.　　　　　もう彼らは家に着いているだろう。

4）直説法過去未来完了：haber 直説法過去未来＋過去分詞

hablar　　　　　　　　　　　　　　comer

habría hablado	**habríamos** hablado	**habría** comido	**habríamos** comido
habrías hablado	**habríais** hablado	**habrías** comido	**habríais** comido
habría hablado	**habrían** hablado	**habría** comido	**habrían** comido

＊過去からみた未来完了、過去完了の推量。過去の事実に反する条件文の帰結節。

Creí que a las ocho *habrían llegado* a casa.

8時には彼らは家に着いているだろうと私は思った。

Creí que para esa hora *habrían llegado* a casa.

その時刻までに彼らは家に着いていただろうと私は思った。

Si hubiéramos tenido tiempo, *habríamos ido* a Japón.

私たちは時間があったら日本に行ったんだけど。

5）接続法現在完了：haber 接続法現在＋過去分詞

hablar　　　　　　　　　　　　　　comer

haya hablado	**hayamos** hablado	**haya** comido	**hayamos** comido
hayas hablado	**hayáis** hablado	**hayas** comido	**hayáis** comido
haya hablado	**hayan** hablado	**haya** comido	**hayan** comido

＊接続法を用いる文脈で、現在までの完了。

No creo que a las ocho *hayan llegado* a casa.

8時に彼らが家に着いていたとは私は思わない。

6）接続法過去完了：haber 接続法過去*＋過去分詞（*ra 形 se 形とも可）

hablar　　　　　　　　　　　　　　comer

hubiera hablado	**hubiéramos** hablado	**hubiera** comido	**hubiéramos** comido
hubieras hablado	**hubierais** hablado	**hubieras** comido	**hubierais** comido
hubiera hablado	**hubieran** hablado	**hubiera** comido	**hubieran** comido

＊接続法を用いる文脈で、過去のある時点までの完了。過去の事実に反する仮定。

No creí que a las ocho *hubieran llegado* a casa.

8時に彼らが家に着いていたとは私は思わなかった。

Si *hubieran tenido* dinero, habrían ido a Perú.

彼らはお金があったらペルーに行ったことだろう。

[Suplemento7]　主要動詞の活用表

1 規則動詞

不定詞 肯定命令2単/2複 現在分詞 過去分詞	直説法			
	現在形	点過去形	線過去形	現在完了形
-ar 動詞	hablo	hablé	hablaba	**he** hablado
hablar	hablas	hablaste	hablabas	**has** hablado
話す	habla	habló	hablaba	**ha** hablado
habla / hablad	hablamos	hablamos	hablábamos	**hemos** hablado
hablando	habláis	hablasteis	hablabais	**habéis** hablado
hablado	hablan	hablaron	hablaban	**han** hablado
-er 動詞	como	comí	comía	**he** comido
comer	comes	comiste	comías	**has** comido
食べる	come	comió	comía	**ha** comido
come / comed	comemos	comimos	comíamos	**hemos** comido
comiendo	coméis	comisteis	comíais	**habéis** comido
comido	comen	comieron	comían	**han** comido
-ir 動詞	vivo	viví	vivía	**he** vivido
vivir	vives	viviste	vivías	**has** vivido
住む	vive	vivió	vivía	**ha** vivido
vive / vivid	vivimos	vivimos	vivíamos	**hemos** vivido
viviendo	vivís	vivisteis	vivíais	**habéis** vivido
vivido	viven	vivieron	vivían	**han** vivido

2 不規則動詞

1. ser	soy	fui	era	he sido
～である	eres	fuiste	eras	has sido
sé / sed	es	fue	era	ha sido
siendo	somos	fuimos	éramos	hemos sido
sido	sois	fuisteis	erais	habéis sido
	son	fueron	eran	han sido
2. estar	estoy	estuve	estaba	he estado
～にいる、ある	estás	estuviste	estabas	has estado
está / estad	está	estuvo	estaba	ha estado
estando	estamos	estuvimos	estábamos	hemos estado
estado	estáis	estuvisteis	estabais	habéis estado
	están	estuvieron	estaban	han estado

＊完了時制は［Suplemento 6］参照

直説法		接続法		
未来形	過去未来形	現在形	過去形（ra 形）	現在完了形
hablar**é**	hablar**ía**	habl**e**	habl**ara**	**haya** habl**ado**
hablar**ás**	hablar**ías**	habl**es**	habl**aras**	**hayas** habl**ado**
hablar**á**	hablar**ía**	habl**e**	habl**ara**	**haya** habl**ado**
hablar**emos**	hablar**íamos**	habl**emos**	habl**áramos**	**hayamos** habl**ado**
hablar**éis**	hablar**íais**	habl**éis**	habl**arais**	**hayáis** habl**ado**
hablar**án**	hablar**ían**	habl**en**	habl**aran**	**hayan** habl**ado**
comer**é**	comer**ía**	com**a**	com**iera**	**haya** com**ido**
comer**ás**	comer**ías**	com**as**	com**ieras**	**hayas** com**ido**
comer**á**	comer**ía**	com**a**	com**iera**	**haya** com**ido**
comer**emos**	comer**íamos**	com**amos**	com**iéramos**	**hayamos** com**ido**
comer**éis**	comer**íais**	com**áis**	com**ierais**	**hayáis** com**ido**
comer**án**	comer**ían**	com**an**	com**ieran**	**hayan** com**ido**
vivir**é**	vivir**ía**	viv**a**	viv**iera**	**haya** viv**ido**
vivir**ás**	vivir**ías**	viv**as**	viv**ieras**	**hayas** viv**ido**
vivir**á**	vivir**ía**	viv**a**	viv**iera**	**haya** viv**ido**
vivir**emos**	vivir**íamos**	viv**amos**	viv**iéramos**	**hayamos** viv**ido**
vivir**éis**	vivir**íais**	viv**áis**	viv**ierais**	**hayáis** viv**ido**
vivir**án**	vivir**ían**	viv**an**	viv**ieran**	**hayan** viv**ido**

seré	sería	sea	fuera	haya sido
serás	serías	seas	fueras	hayas sido
será	sería	sea	fuera	haya sido
seremos	seríamos	seamos	fuéramos	hayamos sido
seréis	seríais	seáis	fuerais	hayáis sido
serán	serían	sean	fueran	hayan sido
estaré	estaría	esté	estuviera	haya estado
estarás	estarías	estés	estuvieras	hayas estado
estará	estaría	esté	estuviera	haya estado
estaremos	estaríamos	estemos	estuviéramos	hayamos estado
estaréis	estaríais	estéis	estuvierais	hayáis estado
estarán	estarían	estén	estuvieran	hayan estado

☆接続法過去 ra 形は、直説法点過去 3 人称複数形の -ron を **-ra, -ras, -ra, -(´)ramos, -rais, -ran** の語尾に置き換える。

不定詞 肯定命令 現在分詞 過去分詞	直説法					接続法
	現在形	点過去形	線過去形	未来形	過去未来形	現在形
3. caer 落ちる cae / caed cayendo caído	caigo caes cae caemos caéis caen	caí caíste cayó caímos caísteis cayeron	caía caías caía caíamos caíais caían	caeré caerás caerá caeremos caeréis caerán	caería caerías caería caeríamos caeríais caerían	caiga caigas caiga caigamos caigáis caigan
4. conducir 運転する、導く conduce / conducid conduciendo conducido	conduzco conduces conduce conducimos conducís conducen	conduje condujiste condujo condujimos condujisteis condujeron	conducía conducías conducía conducíamos conducíais conducían	conduciré conducirás conducirá conduciremos conduciréis conducirán	conduciría conducirías conduciría conduciríamos conduciríais conducirían	conduzca conduzcas conduzca conduzcamos conduzcáis conduzcan
5. conocer 知る conoce / conoced conociendo conocido	conozco conoces conoce conocemos conocéis conocen	conocí conociste conoció conocimos conocisteis conocieron	conocía conocías conocía conocíamos conocíais conocían	conoceré conocerás conocerá conoceremos conoceréis conocerán	conocería conocerías conocería conoceríamos conoceríais conocerían	conozca conozcas conozca conozcamos conozcáis conozcan
6. dar 与える da / dad dando dado	doy das da damos dais dan	di diste dio dimos disteis dieron	daba dabas daba dábamos dabais daban	daré darás dará daremos daréis darán	daría darías daría daríamos daríais darían	dé des dé demos deis den
7. decir 言う di / decid diciendo dicho	digo dices dice decimos decís dicen	dije dijiste dijo dijimos dijisteis dijeron	decía decías decía decíamos decíais decían	diré dirás dirá diremos diréis dirán	diría dirías diría diríamos diríais dirían	diga digas diga digamos digáis digan
8. dormir 眠る duerme / dormid durmiendo dormido	duermo duermes duerme dormimos dormís duermen	dormí dormiste durmió dormimos dormisteis durmieron	dormía dormías dormía dormíamos dormíais dormían	dormiré dormirás dormirá dormiremos dormiréis dormirán	dormiría dormirías dormiría dormiríamos dormiríais dormirían	duerma duermas duerma durmamos durmáis duerman

	直説法					接続法
不定詞 肯定命令 現在分詞 過去分詞	現在形	点過去形	線過去形	未来形	過去未来形	現在形
9. enviar 送る envía / enviad enviando enviado	envío envías envía enviamos enviáis envían	envié enviaste envió enviamos enviasteis enviaron	enviaba enviabas enviaba enviábamos enviabais enviaban	enviaré enviarás enviará enviaremos enviaréis enviarán	enviaría enviarías enviaría enviaríamos enviaríais enviarían	envíe envíes envíe enviemos enviéis envíen
10. haber 〜がある he / habed habiendo habido	he has ha, hay hemos habéis han	hube hubiste hubo hubimos hubisteis hubieron	había habías había habíamos habíais habían	habré habrás habrá habremos habréis habrán	habría habrías habría habríamos habríais habrían	haya hayas haya hayamos hayáis hayan
11. hacer する 作る haz / haced haciendo hecho	hago haces hace hacemos hacéis hacen	hice hiciste hizo hicimos hicisteis hicieron	hacía hacías hacía hacíamos hacíais hacían	haré harás hará haremos haréis harán	haría harías haría haríamos haríais harían	haga hagas haga hagamos hagáis hagan
12. huir 逃げる huye / huid huyendo huido	huyo huyes huye huimos huis huyen	hui huiste huyó huimos huisteis huyeron	huía huías huía huíamos huíais huían	huiré huirás huirá huiremos huiréis huirán	huiría huirías huiría huiríamos huiríais huirían	huya huyas huya huyamos huyáis huyan
13. ir 行く ve / id yendo ido	voy vas va vamos vais van	fui fuiste fue fuimos fuisteis fueron	iba ibas iba íbamos ibais iban	iré irás irá iremos iréis irán	iría irías iría iríamos iríais irían	vaya vayas vaya vayamos vayáis vayan
14. jugar 遊ぶ juega / jugad jugando jugado	juego juegas juega jugamos jugáis juegan	jugué jugaste jugó jugamos jugasteis jugaron	jugaba jugabas jugaba jugábamos jugabais jugaban	jugaré jugarás jugará jugaremos jugaréis jugarán	jugaría jugarías jugaría jugaríamos jugaríais jugarían	juegue juegues juegue juguemos juguéis jueguen

	直説法					接続法
不定詞 肯定命令 現在分詞 過去分詞	現在形	点過去形	線過去形	未来形	過去未来形	現在形
15. leer 読む lee / leed leyendo leído	leo lees lee leemos leéis leen	leí leíste leyó leímos leísteis leyeron	leía leías leía leíamos leíais leían	leeré leerás leerá leeremos leeréis leerán	leería leerías leería leeríamos leeríais leerían	lea leas lea leamos leáis lean
16. oír 聞く oye / oíd oyendo oído	oigo oyes oye oímos oís oyen	oí oíste oyó oímos oísteis oyeron	oía oías oía oíamos oíais oían	oiré oirás oirá oiremos oiréis oirán	oiría oirías oiría oiríamos oiríais oirían	oiga oigas oiga oigamos oigáis oigan
17. pedir 頼む pide / pedid pidiendo pedido	pido pides pide pedimos pedís piden	pedí pediste pidió pedimos pedisteis pidieron	pedía pedías pedía pedíamos pedíais pedían	pediré pedirás pedirá pediremos pediréis pedirán	pediría pedirías pediría pediríamos pediríais pedirían	pida pidas pida pidamos pidáis pidan
18. pensar 考える piensa / 　pensad pensando pensado	pienso piensas piensa pensamos pensáis piensan	pensé pensaste pensó pensamos pensasteis pensaron	pensaba pensabas pensaba pensábamos pensabais pensaban	pensaré pensarás pensará pensaremos pensaréis pensarán	pensaría pensarías pensaría pensaríamos pensaríais pensarían	piense pienses piense pensemos penséis piensen
19. poder できる puede / poded pudiendo podido	puedo puedes puede podemos podéis pueden	pude pudiste pudo pudimos pudisteis pudieron	podía podías podía podíamos podíais podían	podré podrás podrá podremos podréis podrán	podría podrías podría podríamos podríais podrían	pueda puedas pueda podamos podáis puedan
20. poner 置く pon / poned poniendo puesto	pongo pones pone ponemos ponéis ponen	puse pusiste puso pusimos pusisteis pusieron	ponía ponías ponía poníamos poníais ponían	pondré pondrás pondrá pondremos pondréis pondrán	pondría pondrías pondría pondríamos pondríais pondrían	ponga pongas ponga pongamos pongáis pongan

	直説法					接続法
不定詞 肯定命令 現在分詞 過去分詞	現在形	点過去形	線過去形	未来形	過去未来形	現在形
21. querer 欲しい、〜したい quiere / 　　quered queriendo querido	quiero quieres quiere queremos queréis quieren	quise quisiste quiso quisimos quisisteis quisieron	quería querías quería queríamos queríais querían	querré querrás querrá querremos querréis querrán	querría querrías querría querríamos querríais querrían	quiera quieras quiera queramos queráis quieran
22. saber 知る sabe / sabed sabiendo sabido	sé sabes sabe sabemos sabéis saben	supe supiste supo supimos supisteis supieron	sabía sabías sabía sabíamos sabíais sabían	sabré sabrás sabrá sabremos sabréis sabrán	sabría sabrías sabría sabríamos sabríais sabrían	sepa sepas sepa sepamos sepáis sepan
23. salir 出る sal / salid saliendo salido	salgo sales sale salimos salís salen	salí saliste salió salimos salisteis salieron	salía salías salía salíamos salíais salían	saldré saldrás saldrá saldremos saldréis saldrán	saldría saldrías saldría saldríamos saldríais saldrían	salga salgas salga salgamos salgáis salgan
24. seguir 続ける、続く sigue / seguid siguiendo seguido	sigo sigues sigue seguimos seguís siguen	seguí seguiste siguió seguimos seguisteis siguieron	seguía seguías seguía seguíamos seguíais seguían	seguiré seguirás seguirá seguiremos seguiréis seguirán	seguiría seguirías seguiría seguiríamos seguiríais seguirían	siga sigas siga sigamos sigáis sigan
25. sentir 感じる、 残念に思う siente / sentid sintiendo sentido	siento sientes siente sentimos sentís sienten	sentí sentiste sintió sentimos sentisteis sintieron	sentía sentías sentía sentíamos sentíais sentían	sentiré sentirás sentirá sentiremos sentiréis sentirán	sentiría sentirías sentiría sentiríamos sentiríais sentirían	sienta sientas sienta sintamos sintáis sientan
26. tener 持つ ten / tened teniendo tenido	tengo tienes tiene tenemos tenéis tienen	tuve tuviste tuvo tuvimos tuvisteis tuvieron	tenía tenías tenía teníamos teníais tenían	tendré tendrás tendrá tendremos tendréis tendrán	tendría tendrías tendría tendríamos tendríais tendrían	tenga tengas tenga tengamos tengáis tengan

	直説法					接続法
不定詞 肯定命令 現在分詞 過去分詞	現在形	点過去形	線過去形	未来形	過去未来形	現在形
27. traer 持って来る trae / traed trayendo traído	traigo traes trae traemos traéis traen	traje trajiste trajo trajimos trajisteis trajeron	traía traías traía traíamos traíais traían	traeré traerás traerá traeremos traeréis traerán	traería traerías traería traeríamos traeríais traerían	traiga traigas traiga traigamos traigáis traigan
28. venir 来る ven / venid viniendo venido	vengo vienes viene venimos venís vienen	vine viniste vino vinimos vinisteis vinieron	venía venías venía veníamos veníais venían	vendré vendrás vendrá vendremos vendréis vendrán	vendría vendrías vendría vendríamos vendríais vendrían	venga vengas venga vengamos vengáis vengan
29. ver 見る ve / ved viendo visto	veo ves ve vemos veis ven	vi viste vio vimos visteis vieron	veía veías veía veíamos veíais veían	veré verás verá veremos veréis verán	vería verías vería veríamos veríais verían	vea veas vea veamos veáis vean
30. volver 戻る vuelve / 　volved volviendo vuelto	vuelvo vuelves vuelve volvemos volvéis vuelven	volví volviste volvió volvimos volvisteis volvieron	volvía volvías volvía volvíamos volvíais volvían	volveré volverás volverá volveremos volveréis volverán	volvería volverías volvería volveríamos volveríais volverían	vuelva vuelvas vuelva volvamos volváis vuelvan

過去分詞不規則形（上記活用表にない動詞のみ掲載）

abrir（開ける）	→ abierto	cubrir（覆う）	→ cubierto	escribir（書く）	→ escrito
freír（揚げる）	→ frito	imprimir（印刷する）	→ impreso	morir（死ぬ）	→ muerto
proveer（供給する）	→ provisto	resolver（解決する）	→ resuelto	romper（壊す）	→ roto

栗林　ゆき絵（くりばやし　ゆきえ）
中央大学兼任講師
Roberto Colmena（ロベルト　コルメナ）
法政大学兼任講師

イラスト
東森　まみ

表紙
新谷　道子

© Cielito lindo
シェリト　リンド
―スペイン語中級導入教材・エスペランサ ソフト版―

2020 年 2 月 1 日　初版発行　**定価 本体 2,400 円（税別）**
2024 年 3 月 1 日　再版発行

著　　者	栗 林 ゆ き 絵 Roberto Colmena
発 行 者	近 藤 孝 夫
印 刷 所	株式会社坂田一真堂

発 行 所　株式
会社 **同 学 社**

〒 112-0005　東 京 都 文 京 区 水 道 1-10-7
電話 03（3816）7011・振替 00150-7-166920

ISBN978-4-8102-0438-4　　　　Printed in Japan

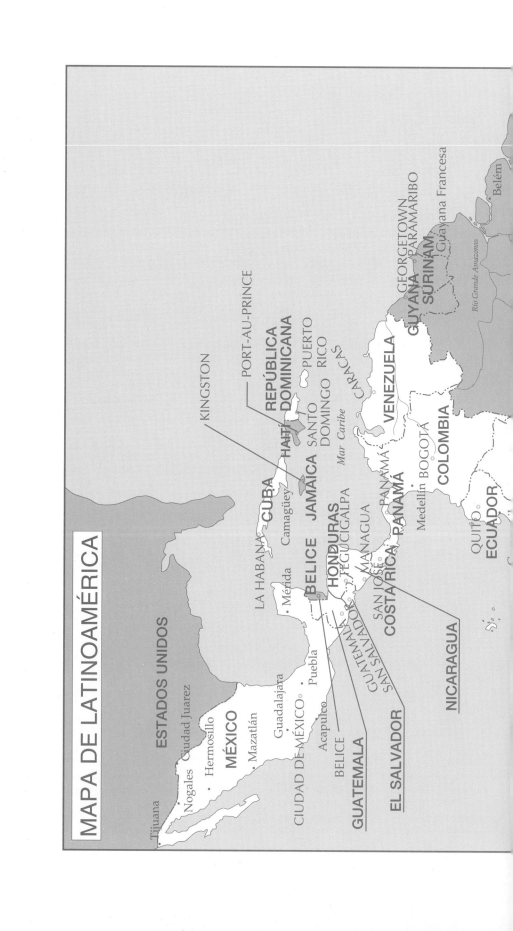

MAPA DE LATINOAMÉRICA

ESTADOS UNIDOS

Tijuana
Nogales · Ciudad Juarez
Hermosillo
MÉXICO
· Mazatlán
Guadalajara
CIUDAD DE MÉXICO · Puebla
Acapulco
BELICE
GUATEMALA
EL SALVADOR

LA HABANA
· Mérida   Camagüey   CUBA
BELICE   JAMAICA   KINGSTON
HONDURAS   PORT-AU-PRINCE
TEGUCIGALPA   HAITÍ   REPÚBLICA
MANAGUA   DOMINICANA
SANTO   PUERTO
DOMINGO   RICO
NICARAGUA   Mar Caribe   CARACAS
SAN JOSÉ   CARACAS
GUATEMALA   MANAGUA
SAN SALVADOR
COSTA RICA   PANAMÁ   VENEZUELA
PANAMÁ
Medellín   BOGOTÁ
COLOMBIA
QUITO
ECUADOR

GEORGETOWN
GUYANA   PARAMARIBO
SURINAM
Guayana Francesa

Río Grande Amazonas   Belém